2024年江苏高校"青蓝工程"中青年学术带头人基金项目成果

民用家具消费行为驱动因素研究

张荣 —— 著

苏州大学出版社
Soochow University Press

图书在版编目(CIP)数据

民用家具消费行为驱动因素研究/张荣著. --苏州：苏州大学出版社, 2024.12. -- ISBN 978-7-5672-5003-1

Ⅰ. F713.55

中国国家版本馆 CIP 数据核字第 2024HB1675 号

书　　名：民用家具消费行为驱动因素研究
MINYONG JIAJU XIAOFEI XINGWEI QUDONG YINSU YANJIU

著　　者：张　荣
责任编辑：施小占
装帧设计：刘　俊

出版发行：苏州大学出版社（Soochow University Press）
社　　址：苏州市十梓街1号　邮编：215006
印　　装：江苏凤凰数码印务有限公司
网　　址：www.sudapress.com
邮　　箱：sdcbs@suda.edu.cn
邮购热线：0512-67480030
销售热线：0512-67481020

开　　本：710 mm×1 000 mm　1/16　印张：10.75　字数：182千
版　　次：2024年12月第1版
印　　次：2024年12月第1次印刷
书　　号：ISBN 978-7-5672-5003-1
定　　价：58.00元

凡购本社图书发现印装错误，请与本社联系调换。服务热线：0512-67481020

前　言

企业持续的生命力源于顾客。市场竞争的本质其实就是企业之间对顾客的争夺，顾客已经成为企业的一项重要资产。市场经济的基本法则之一便是一切从市场出发，企业的产品和服务应该符合顾客的期望，企业应该切实地为顾客考虑，只有这样，顾客才会购买企业的产品和服务。当前家具企业之间的竞争日益加剧，谁能抢到顾客，谁就占得先机。伴随着顾客个性化需求的不断增长，家具企业只有顺势而变，及时调整与改变经营策略，才能在竞争中脱颖而出。

本书通过文献回顾、理论探讨及实证研究，运用定性和定量研究方法对民用家具消费行为进行深入分析，找出影响家具消费者（顾客）做出购买决策的因素，探讨顾客感知价值的构成维度，从而构建基于顾客感知价值的家具消费行为驱动模型，验证顾客感知价值、顾客满意和行为意向三者之间的关系，进一步为国内家具企业的未来生产规划提供一些参考，为它们的总体战略定位与具体策略选择提供一些具有实战意义的借鉴。

研究民用家具消费行为是一项非常复杂的工程，限于本人研究能力和学术水平，思考的广度和深度不够，因此，本书对民用家具消费行为的研究只能说是"窥其一角"，还处于初始阶段，以期起到的是抛砖引玉的作用。另外，由于对民用家具消费行为的相关数据和最新信息掌握得不够全面，本书的研究难免不周全、不严谨，亟待更多的专家、学者从理论和实践上进行丰富和解读。

最后，感谢苏州大学出版社为本书的出版提供无私帮助。

目录 Contents

第一章 绪 论 /1
1.1 研究背景 /1
1.2 研究意义 /2
1.3 研究思路和研究内容 /3
1.4 研究方法和技术路线 /4

第二章 文献综述 /7
2.1 行为意向 /7
2.2 顾客感知价值 /10
2.3 家具消费行为 /18
本章小结 /21
参考文献 /21

第三章 理论基础 /26
3.1 消费者行为理论 /26
3.2 顾客价值需求的"三因素"理论 /32
3.3 顾客满意理论 /33
3.4 体验经济理论 /36
本章小结 /38
参考文献 /38

第四章　家具消费行为分析　/ 40

4.1　家具行业发展概况　/ 40

4.2　家具消费行为调研与分析　/ 47

本章小结　/ 67

参考文献　/ 67

第五章　基于顾客感知价值的家具消费行为意向形成机理　/ 69

5.1　顾客感知价值、顾客满意与行为意向研究概况　/ 69

5.2　顾客感知价值、顾客满意与行为意向之间关系研究的模型　/ 70

5.3　基于顾客感知价值的家具消费行为基本驱动模型与假设　/ 73

5.4　顾客感知价值、顾客满意与行为意向量表开发　/ 77

5.5　基于顾客感知价值的家具消费行为实证调研方案设计　/ 79

5.6　实证研究方法　/ 84

本章小结　/ 89

参考文献　/ 89

第六章　基于顾客感知价值的家具消费行为驱动因素实证分析　/ 91

6.1　样本的社会人口学特征　/ 91

6.2　样本的描述性统计分析　/ 93

6.3　研究变量的信度和效度分析　/ 95

6.4　拟合优度检验与路径分析　/ 103

6.5　控制变量的影响　/ 108

本章小结　/ 109

参考文献　/ 110

第七章　消费者特征对家具消费行为驱动因素的影响　/ 111

7.1　消费者性别特征对家具消费行为驱动因素的影响　/ 111

7.2　消费者年龄特征对家具消费行为驱动因素的影响　/ 122

7.3　消费者收入特征对家具消费行为驱动因素的影响　/ 133

本章小结 / 144

参考文献 / 145

第八章 研究结论与展望 / 146

8.1 研究结论 / 146

8.2 对家具企业的启示 / 148

8.3 研究创新之处 / 151

8.4 研究不足之处及展望 / 152

参考文献 / 154

附 录 / 155

附录1 家具消费者行为特征调查问卷 / 155

附录2 家具消费感知价值、顾客满意及行为意向调查问卷 / 160

第一章 绪 论

1.1 研究背景

家具是日常生活中不可缺少的物品，一些造型独特的家具给家庭成员带来了愉悦的享受，绿色环保家具更是提升了人们的生活品质，家具已经与人们的生活、工作、学习及休闲等密不可分。2022年12月，中共中央、国务院印发的《扩大内需战略规划纲要（2022—2035年）》明确提出，要促进家庭装修消费，增加智能家电消费，推动数字家庭发展；要推动农村居民汽车、家电、家具、家装消费升级。国家和地方政策的支持，为我国家具行业的发展奠定了良好基础。

我国家具行业在快速发展的同时，竞争也日益加剧。来自中商情报网的调查数据显示，我国家具行业的利润增长率已经从2011年的32.2%下滑至2021年的13.5%。这说明微利将成为未来我国家具行业发展的常态。

随着我国家具市场的快速成长，竞争也日益激烈。如何争夺客户并保持优质顾客的忠诚度，以获得长期竞争优势，是困扰每一个家具企业的难题。而这一难题的解决亟须家具企业了解顾客真正的价值需求，掌握驱动价值需求的影响因素，并及时调整自己的产品和服务来契合消费者的实际需求。伴随着消费升级，未来我国家具行业将不断朝着智能化、功能化、渠道多样化方向发展。以"消费者导向"来调整家具产品生产脚步，将更能符合现代家具企业成长与销售的原则。

1.2 研究意义

1.2.1 理论意义

本书通过对顾客感知价值维度的深入探究，将顾客感知价值、顾客满意、行为意向的理论研究应用到家具行业，运用实证研究的方法提出模型假设并进行验证，从而进一步研究三者之间的影响机制。本书的研究范围为民用家具行业，以有过家具实际购买经历的消费者为调研对象，收集第一手家具消费体验情况，确保研究结果真实有效。本书的理论研究意义主要表现为以下几个方面：

第一，本书将顾客感知价值、顾客满意和行为意向三者有机结合起来，从顾客感知价值角度入手，深入分析了影响家具消费行为的因素及顾客对家具产品、家具零售企业的满意度，构建了基于顾客感知价值的家具消费行为驱动模型，丰富了消费者行为理论。

第二，本书拓展了耐用品的顾客感知价值的维度，在功能价值、情感价值、社会价值、利失价值四个维度的基础上，增加了服务价值和品牌价值两个维度，并结合家具产品特色设计了六个维度的量表，使顾客感知价值理论更加丰富与充实。

第三，本书运用实证研究的方法，验证了顾客感知价值的六个维度、顾客满意与行为意向之间的关系。对于一直争论不休的"价值主导论"和"满意主导论"，本书给出了自己的观点，这也是对顾客感知价值、顾客满意与行为意向三者关系的理论体系的发展与完善。同时，本书也验证了"顾客价值是下一个竞争优势的源泉"，这也是对顾客感知价值理论的推广与应用。

1.2.2 实际应用价值

本书在深入分析影响家具消费者购买决策因素的基础上，从顾客感知价值角度提出行之有效的营销策略，以期影响家具消费者的品牌偏好和购买意向，该研究成果对家具企业经营战略的制定具有指导意义。

1.3 研究思路和研究内容

本书的研究思路大致如下：首先，回顾和整理行为意向、顾客感知价值、家具消费行为等相关研究成果及消费者行为理论、顾客价值需求的"三因素"理论、顾客满意理论和体验经济理论，进一步明确本书的研究意义并构建本书的理论框架；其次，在对家具行业发展现状及趋势进行分析的基础上，运用 EKB 模型分析家具消费者的消费特征；再次，以民用家具行业为研究对象，构建基于顾客感知价值的家具消费行为基本驱动模型，并对顾客感知价值、顾客满意与行为意向之间的关系进行实证研究；最后，在实证分析的基础上，从顾客感知价值角度为家具企业的生产经营提出建议与对策。

本书的研究内容及章节安排如下：

第一章绪论：介绍本书的研究背景、研究意义、研究思路、研究内容、研究方法和技术路线。

第二章文献综述：回顾国内外在行为意向、顾客感知价值及家具消费行为等领域所开展的研究，并对相关文献进行综述与评论，指出当前研究中的不足。

第三章理论基础：对本研究所涉及的理论进行梳理，包括消费者行为理论、顾客价值需求的"三因素"理论、顾客满意理论和体验经济理论，构建本书的理论框架。

第四章家具消费行为分析：在分析家具行业发展现状及趋势的基础上，通过问卷调查和个别访谈收集的数据与资料，分析家具消费者的社会人口学特征及消费行为特征。

第五章基于顾客感知价值的家具消费行为意向形成机理：构建本书的研究模型，并提出研究假设；依据文献资料及调查数据，设计调查问卷；在预调研数据的基础上，完成调查问卷的修订；利用线上调查平台与线下实地调研两种途径，完成调查问卷的发放与收集；最后介绍实证研究方法。

第六章基于顾客感知价值的家具消费行为驱动因素实证分析：对样本的社会人口学特征进行统计分析；利用样本数据分析问卷的信度与效度，

采用结构方程模型方法，探索不同维度的顾客感知价值对顾客满意及行为意向的影响，并对"价值主导论"和"满意主导论"进行验证。

第七章消费者特征对家具消费行为驱动因素的影响：利用样本统计数据，分别验证性别、年龄、收入三个不同的社会人口学特征对本书研究模型的调节作用。

第八章研究结论与展望：对本书的主要研究结论进行归纳；利用本书的研究成果对家具企业的营销工作提出相关建议；进一步分析本书的创新点，并指出研究的不足之处和未来的研究方向。

1.4 研究方法和技术路线

1.4.1 研究方法

本书采用定性与定量相结合的研究方法，具体表现为以下几个方面。

（1）文献综述

借助国内外文献数据库对行为意向、顾客感知价值、家具消费行为等相关文献资料进行广泛收集，全面了解和把握国内外学者在行为意向、顾客感知价值及家具消费行为相关领域的研究现状，并对国内外相关研究成果进行文献综述与评论，在此基础上，寻找本书的研究突破口。

（2）问卷调查与个别访谈

针对消费者的家具消费行为开展问卷调查。在量表设计及预调研阶段，采用小规模访谈、企业销售人员咨询等方式，进一步确定顾客感知价值各个维度、顾客满意及行为意向的具体表现，从而设计出反映家具行业特色的量表。

（3）典型相关分析

利用因子分析法从问卷调查数据中提取出评价家具产品属性和家具店属性的公因子，为家具企业的经营策略提供分析依据。

（4）结构方程模型

通过探索性因子分析，构建家具顾客感知价值、顾客满意与行为意向之间关系的概念模型；通过验证性因子分析，对家具顾客价值感知的各个维度、顾客满意与行为意向之间的路径关系进行实证研究。

1.4.2 数据资料来源

本书的数据资料主要包括两类：一类是文献资料，其中有外文文献、中文文献、统计资料及其他文献；另一类是通过问卷调查、个别访谈及实地走访等方式获取的家具消费者的第一手资料。本书的调研数据分为两个部分：第一部分围绕问题认知、信息收寻、方案评估、购买决策及购后行为，了解家具消费者在不同的购买阶段所具有的消费特征及家具产品属性和家具店属性，全面掌握家具消费者的消费行为特征；第二部分针对本书构建的基于顾客感知价值的家具消费行为意向基本驱动模型，设计顾客感知价值的六个维度、顾客满意及行为意向量表，验证本书的研究假设。本书的两份调查问卷采用线下与线上相结合的方式发放和回收，线下由调查人员在锦绣家具城、月星家具城等家具消费人群集中地进行现场调查，线上则借助相关沟通工具进行调查。对于回收的调查问卷，先进行不合理问卷的剔除，在确保数据有效的基础上，再利用SPSS、AMOS等分析软件对数据进行深入分析。

1.4.3 技术路线

根据本书的研究思路和研究内容，本书将遵循以下技术路线，如图1-1所示。

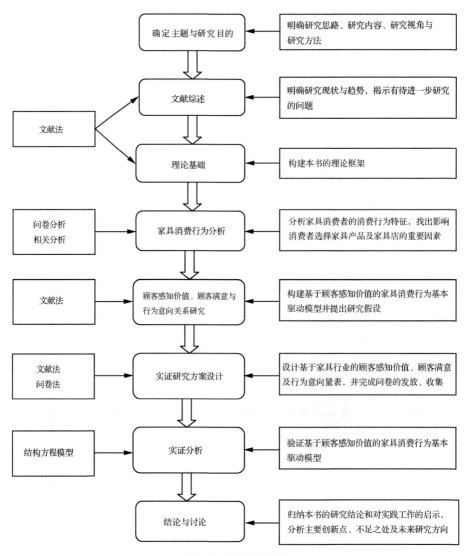

图 1-1　技术路线图

第二章 文献综述

2.1 行为意向

关于行为意向（Behavior Intention）的研究最早出现在心理学领域，随着消费者行为学研究热度的持续上升，体现消费者购买某种产品倾向或意图的行为意向也成为各领域的研究热点。Fishbein（1975）曾指出，对消费者未来是否采取某种具体行为最直接的预测方法就是了解他们采取该种行为的倾向。如果企业能在实际经营过程中了解到顾客在获得感知价值和满意之后会采取哪些行为，就能采取有效的营销策略来维持原有顾客，同时争取新顾客，这将为企业带来较多利润。虽然有学者指出行为意向并不能保证顾客采取某种行为，而顾客行为这一概念更具实际意义，应该将研究的关注点转向顾客行为，但由于现有条件的限制，以及顾客行为的主观性，目前还不能做到准确地预测顾客行为。因此对顾客行为意向的测量成为预测顾客未来是否会采取某种行为最直接的方法。

2.1.1 行为意向理论研究

自从 Fishbein（1975）提出以个体行为的主观倾向来界定意向以后，行为意向的研究如雨后春笋般涌现出来。Dodds 等（1991）提出，意向是消费者对某种产品或服务的态度，并试图去了解该产品或服务的可能性。Blackwell 等（2001）则提出，行为意向是一种发生在顾客内心深处的决策过程。从企业角度来说,如果能掌握个体行为,就能制定有效的经营策略,因此研究个体行为意向这一"预测器"是十分重要的。

1963年,Fishbein提出了多属性态度理论来探讨态度与行为之间的关系。该理论认为,行为意向是由行为态度决定的,而预期的行为结果又会反过来对行为态度产生影响。但是,学者们研究发现,在许多情况下,认知一个人的态度并不能很好地预测其行为。1975年,Fishbein和Ajzen又提出了理性行为理论(Theory of Reasoned Action,TRA)。该理论认为,个体的行为可以透过个体的行为意向进行推断,而行为态度(Attitude)和主观准则(Subjective Norm)又会影响行为意向。

理性行为理论框架如图2-1所示。

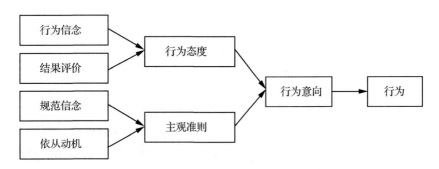

图2-1 理性行为理论框架

理性行为理论的成立,有一个重要的假设前提:人必须具备完全控制自己行为的能力。事实上,人作为社会的一分子,往往无法独立生存,个体如果无法摆脱外部环境的影响,其行为也就会受到制约。这样的一个假设前提严重制约了该理论的应用范围。Ajzen(1985)指出,人的行为并不是百分之百地出于自愿,而是处在控制之下,人们所能感受到的知觉行为控制越强,行为意向就越积极,也就越容易表现出某种行为。因此,Ajzen(1991)将知觉行为控制变量添加到理性行为理论中,从而形成了计划行为理论(Theory of Planned Behavior)。该理论认为,个体的行为意向和行为不仅受到行为态度和主观准则的影响,还受到知觉行为控制这一重要的决定因素的影响。

计划行为理论框架如图2-2所示。

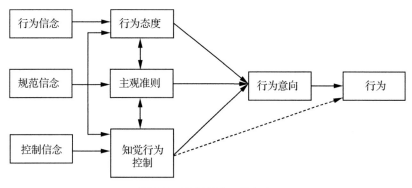

图 2-2　计划行为理论框架

2.1.2　行为意向模型研究

1. 感知价值对行为意向的影响模型

Zeithaml（1988）认为顾客在消费过程中所感知到的价值会影响其行为意向，而顾客的感知价值本身会受到感知利益和感知成本的影响，由此构建了感知价值对行为意向的影响模型，如图 2-3 所示。该模型综合考虑了感知利益、感知成本、感知价值和行为意向这四者之间的关系，其中，感知利益和感知成本是感知价值的重要组成部分，分别代表顾客在产品、服务消费中所感知到的利得与利失。

图 2-3　感知价值对行为意向的影响模型

2. 品牌形象对行为意向的影响模型

刘达成等（2014）以家具为研究对象，利用理性行为理论（TRA），构建了消费者的家具品牌购买决策实证模型，如图 2-4 所示。该模型将家具品牌形象分为感知质量、品牌个性和企业形象三个维度，这三个维度都对品牌态度、品牌承诺及消费者的品牌购买决策产生直接影响。其中，品牌个性直接影响感知质量，品牌态度和品牌承诺通过品牌情感间接影响消费者的品牌购买决策，品牌情感直接影响消费者的品牌购买决策。

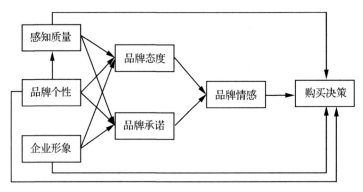

图 2-4　家具品牌购买决策实证模型

学者们提出的行为意向归纳起来可以分为正向的行为意向和负向的行为意向两大类。正向的行为意向包括重购意向、正面宣传、口碑传播、支付更多等指标，负向的行为意向包括抱怨、转换意向等。通过对文献的进一步梳理发现，重购意向及是否愿意推荐成为学者们衡量行为意向常用的两个指标。事实上，从企业经营角度来看，消费者重复购买和向他人推荐这两种行为意向能有效降低企业开发新顾客的成本，显著提高企业的运营效率。随着对行为意向研究的深入，行为意向的测量维度也越来越多元化。

2.1.3　行为意向研究评述

理性行为理论和计划行为理论是当前应用较为广泛的消费行为理论，但是随着对感知价值、品牌形象等影响消费行为的因素研究的不断深入，行为意向的研究模型也愈加丰富。

2.2　顾客感知价值

新经济时代，面对多样化的商品选择，顾客首先会思考企业的产品与服务会给他们带来什么样的价值，这将成为他们做出购买决策的重要依据，因此，"顾客感知价值"概念被提出并受到企业的广泛重视，成为企业下一个竞争优势的来源。

2.2.1 顾客感知价值的内涵研究

自 20 世纪 80 年代顾客感知价值被提出以后，其价值观念得到迅速推广并成为所有市场活动的基本依据。随着研究的深入，学者们从不同角度对顾客感知价值进行了界定，出现了多种多样的表述形式，如消费者价值、消费价值、顾客价值、感知价值、顾客经济价值等。虽然随着研究背景的变化，学者们对顾客感知价值做出了不同的界定，但从本质上说都是在全面而深刻地阐述顾客感知价值的内涵。

现将国内外学者关于顾客感知价值的定义整理如下（表2-1）。

表2-1　不同学者对顾客感知价值的界定

学者	顾客感知价值定义
Zeithaml（1988）	顾客感知价值就是顾客对所能感知到的利益与其在获取产品或服务时所付出的成本进行权衡后，对产品或服务效用的总体评价
Zeithaml 等（1990）	基于所接受和所给予的感知一种产品的效用的顾客全面评估
Monroe（1991）	消费者的价值感知是感知利益与感知付出的比率
Anderson 等（1993）	在商业市场中，价值是顾客对产品价格的支付，而后在经济、技术、服务和社会福利方面所获得的感知反馈，供应商提供的产品和价格都被考虑在内
Butz 等（1996）	就顾客价值而言，我们认为情绪上的联结建立在，当顾客使用了供应商的产品或服务时，产品或服务所提供的附加价值
Ravald 等（1996）	价值过程是关系营销的出发点和归宿。关系营销应该为客户和其他各方创造更多的价值，而不是单纯的交易营销
Woodruff（1997）	顾客价值是顾客对那些产品的属性、属性表现及从使用中引起的有利于或阻止顾客在使用状态下达到他们的目的和目标的结果的偏好及评估
白长虹等（2001）	顾客感知价值是感知利得与感知利失之间的权衡

续表

学者	顾客感知价值定义
董大海等（2004）	顾客价值就是顾客以其在消费实践中所形成的消费经验、知识和偏好，对整个产品消费生命周期过程中产品属性及其使用效果与其投入，在契合其欲望和期望的程度方面的综合评价
范秀成等（2003）	顾客价值是指在满足顾客需求的过程中，顾客在所得与所失间进行权衡比较后所形成的总体感知和评价

表 2-1 中，学者们所给出的顾客感知价值的定义是有所差异的，主要由于各自的研究角度不同，但是他们都认为顾客感知价值是顾客对其使用产品或服务在得失两方面进行权衡的结果，因此 Zeithaml（1988）关于顾客感知价值的定义得到了绝大多数学者的认同。而本书认为，衡量顾客感知价值不仅要考虑顾客的得与失，还要考虑动态的购买与使用过程，因此，本书借鉴 Zeithaml（1988）、白长虹等（2001）的观点，同时考虑家具产品或服务的购买过程，将家具顾客感知价值定义为：消费者基于对家具产品或服务的体验、互动和使用过程中所得与所失的权衡比较，在心中所形成的总体感知利益。

2.2.2　顾客感知价值的驱动因素研究

在顾客感知价值研究的早期，产品质量和价格两大因素被认为是驱动顾客感知价值的主要因素。学者们往往将产品质量作为"利得"的主要构成因素，而将价格作为"利失"的主要构成因素。Zeithaml（1988）的顾客感知价值模型主要从这两大因素出发（图2-5），在该模型中，价值由"利得"和"利失"两部分构成，利得要素包括产品内部属性、外部属性、感知质量及其他相关的高层次（如企业形象、声誉等）的抽象概念，利失要素包括货币价格与非货币价格（如时间、精力、努力等）。

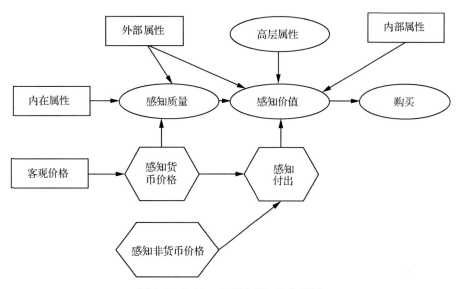

图 2-5　Zeithmal 顾客感知价值模型

随着研究的深入，学者们逐渐意识到想要在市场上获得持久的竞争优势，仅仅依靠优质产品和合理定价还不够，提供难以被竞争对手模仿的出色服务是确保企业保持良好市场表现的基本决定因素。因此，从利得和利失角度出发，大多数学者认为产品质量、服务质量及价格是主要的驱动因素，三者缺一不可，三者的合理匹配将传递给顾客独特的价值优势。

随着研究范围的扩大，产品质量、服务质量及价格三大因素已经无法形成差异化的顾客价值感知，更多的驱动因素被纳入研究范畴。Holbrook（1999）通过实证研究证实了顾客价值感知的三个驱动特征：产品相关特征、服务相关特征和促销相关特征，确认了产品、服务和促销对顾客价值感知的驱动作用。产品相关特征包括产品质量、产品组合及产品使用的便利性等。服务相关特征包括企业在销售过程中供货的稳定性和快速性、为购买者提供的技术支持和技术信息等。促销相关特征指企业与消费者的沟通方式，如企业的公共关系、企业塑造的形象和声誉等。

Lapierre（2000）以加拿大 IT 产业为例，分别以配送（Distribution）、金融（Finance）和信息、通信、娱乐（Information, Communication, Entertainment）三个服务部门为研究对象，对顾客感知价值的驱动因素进行了分析，归纳了 13 个驱动因素（表 2-2）。实证研究表明，加拿大 IT 产业服务部门顾客感知价值驱动因素的"利得"包括产品和服务方面的价值及关系价值,"利失"包括价格因素和非价格因素。

表 2-2 加拿大 IT 产业服务部门顾客感知价值的驱动因素

驱动因素	产品	服务	关系
利得	产品质量 产品定制 替代方案	敏捷性 柔性 稳定性 技术能力	形象与信誉 与顾客的团结 信任
利失		价格	时间/努力/精力 冲突

Ulaga 等(2001)以德国食品工业(制造业)为研究对象,从产品、服务和促销相关(promotion related)三个方面梳理了 16 个顾客感知价值的驱动因素(表 2-3)。

表 2-3 德国食品工业顾客感知价值的驱动因素

驱动因素	产品	服务	促销相关
利得	产品特性 产品种类 产品一致性 使用方便性	产品创新 快速服务与响应 技术支持 技术信息提供 交货速度与可靠性	形象与信誉 个人关系 公关关系 上游整合 公司可靠性 ISO9001 认证
利失			价格

国内学者在对顾客感知价值的驱动因素进行整理和归纳的基础上,拓展研究视角,依据产品或服务的不同,进一步丰富研究结论。国内部分学者对顾客感知价值驱动因素的研究如表 2-4 所示。

表 2-4　国内部分学者对顾客感知价值驱动因素的研究

学者	驱动因素
郑立明等（2004）	功能和质量、产品品种范围、快速响应能力、相关服务水平、技术创新和技术支持、包装和款式、性价比和安全性、产品品牌和企业信誉及形象
苏钰等（2004）	服务企业员工表现、员工与消费者的关系、服务企业设施与场景及现场消费群体
严浩仁等（2004）	满意因素、信任因素、转换因素和维持因素，概括出驱动移动通信顾客感知价值的四类共计 12 个关键因素
白琳（2009）	产品质量、产品功能、价格及服务和品牌

2.2.3　顾客感知价值的构成维度及其测量研究

为了定量测量顾客感知价值，学者们从各自的研究视角出发，提出了不同的顾客感知价值构成维度及其测量模型，以下为较为常用的顾客感知价值维度理论。

1. 五维论

Sheth 等（1991）提出了顾客感知价值的五维论，即可以从功能价值、情感价值、社会价值、认知价值和情境价值五个维度来测量产品或服务的顾客感知价值。Sheth 等（1991）认为，这五个维度的价值适用于任何产品或服务，但是当情境发生变化时，这五个维度的价值所占的比重也会发生变化。顾客感知价值五维论的内涵如表 2-5 所示。

表 2-5　顾客感知价值五维论的内涵

顾客感知价值维度	内涵解释
功能价值	指顾客透过产品选择所提供的功能性、实用性等的表现，而获得的知觉效用
情感价值	指顾客的选择所引起感觉或情感状态，而获得的知觉效用
社会价值	指顾客的选择和一个或多个社会群体联结，而获得的知觉效用
认知价值	指顾客的选择所引起的好奇、新选和/或满足求知欲，而获得的知觉效用
情境价值	指顾客在特定情境或环境的选择结果，而获得的知觉效用

Burnsed（2009）认为，Sheth 等（1991）的顾客感知价值理论非常适用

于家具商品。首先，该理论解释了为什么消费者选择购买或者不购买特定产品，为什么消费者选择某个产品类型而不是其他产品类型，为什么消费者选择某个品牌而不是其他品牌；其次，该理论可以应用到各种产品类型（非耐用消费品、耐用消费品和工业产品）和服务；最后，这五个维度的价值与家具产品的价值较为吻合。

2. 四维论

Sweeney 等（1999，2001）将 Sheth 等（1991）的顾客感知价值理论应用到耐用消费品研究中，提出了 PERVAL 模型，该模型包含功能价值质量、功能价值价格、情感价值和社会价值四个维度共 19 项指标。

表 2-6　顾客感知价值四维论的内涵

顾客感知价值维度	内涵解释
功能价值质量	指消费者在消费过程中获得的由产品或服务产生的效用
功能价值价格	指消费者在消费过程所必须支付的成本
情感价值	指良好的消费过程会给消费者带来精神上的愉悦感和心理上的满意情绪
社会价值	指消费者在消费过程中，可能会带来更高的自我享受，比如自信心的提高、别人对自己的认同感等

在消费决策过程中，理性因素和感性因素缺一不可，Sweeney 等（1999，2001）的四维度测量方法恰好同时考虑了这两大因素，功能价值质量和功能价值价格反映的是理性因素，而情感价值和社会价值反映的是感性因素。但是，该模型忽略了对非货币成本的考虑，而对于价值较高的耐用品消费来说，时间、精力、体力等非货币成本对顾客感知价值的影响往往很大，也往往会对顾客的消费决策产生更大的影响。

3. 三维论

Gupta 等（2006）提出产品或服务的顾客感知价值可以分为三类，分别是经济价值、功能价值和心理价值。经济价值基本等同于货币成本，从利失的角度进行分析，如果与竞争对手的产品相比，该公司的产品性价比更高，那么该公司的产品就具有经济价值。功能价值体现在产品的功能、特性和利益之中。经济价值和功能价值关注了产品或服务的有形利益，而心理价值反映了产品或服务的无形利益，如顾客对企业品牌形象的感受等。

随着顾客感知价值研究的兴起，关于其测量维度的研究成果在国内也日益丰富。王永贵等（2004）为了弥补 Sweeney 等（1999）的四维理论模型在非货币价值研究方面的缺陷，用"感知付出"维度取代"功能价值价格"维度，"感知付出"维度的内涵更加全面，不仅包含货币成本，还将付出的时间、努力和精力等非货币成本一并加以考虑。杨晓燕等（2006）在功能价值质量、情感价值、社会价值和感知付出的基础上，提出新维度"绿色价值"，从而满足绿色食品的研究需要。刘刚等（2007）用象征性价值、功能性价值、感知个人付出、体验性价值及感知风险五个维度来测量笔记本电脑的顾客感知价值，其中针对笔记本电脑的特性，增加了新维度"感知风险"。姜亮（2010）以手机为研究对象，将顾客感知价值划分为功能性价值、心理性价值、社会性价值和经济性价值四个维度，其中稍有不同的心理性价值是指消费者在精神方面的追求，涵盖情感、认知等价值。张磊（2020）针对有机茶叶提出了安全价值、绿色价值、社会价值、情感价值和功能价值五个维度。在对家具顾客感知价值的研究中，郑文清（2012）从功能价值、情感价值、社会价值及感知利失等方面进行测量。伴随着网购家具的兴起，李英禹等（2021）从网站价值、店铺价值和产品价值三个维度对顾客感知价值进行测量。

2.2.4 顾客感知价值研究评述

从以上分析可以看出，顾客感知价值的内涵是非常丰富的，其概念是多元的。顾客感知价值的驱动因素及其测量维度的研究越来越丰富，学者们开发了适用于不同产品类型的测量维度。尽管国内外学者由于各自研究对象的差异，对顾客感知价值进行了不同维度的划分，但可以看出顾客感知价值具有相对稳定的核心构成因素，即功能价值、情感价值、社会价值和利失价值。

本书以家具行业为研究对象，而家具属于耐用品，因此，本书借鉴 Sheth 等（1991）、Sweeney 等（2001）的研究结论，并结合家具行业特性，将功能价值、情感价值、社会性值和利失价值纳入研究范畴。同时借鉴王永贵等（2004）的研究成果，将 Sweeney 等（2001）提出的功能价值价格因素理解为利失价值，因为顾客在购买家具的过程中一方面要付出金额较大的货币成本，另一方面还要花费大量的时间、精力去进行家具的比较、评估与选择，对于有些人而言，付出的非货币成本远比货币成本要多，因此用利失价值取代功能价值价格更符合家具产品的特性。

2.3 家具消费行为

2.3.1 家具消费行为研究现状

作为一种典型的耐用品，家具往往价格高、使用期限长，消费者购买家具的频率较低且通常较为理性。王洋（2014）指出，家具作为典型的耐用品，在消费行为方面有其独特的特征：短期与长期的需求有很大的差异，短期是刚性需求，长期是弹性需求；购买决策受到房屋所处的位置、面积大小以及装潢设计风格等多重属性的影响；家具价格昂贵，而消费者又缺乏购买经验，因此感知风险会比较高；家具的购买行为会因家庭规模、家庭结构的不同而呈现出很大的差异性。闫丹婷等（2011）认为，顾客的消费行为将直接影响到家具的使用周期，因废旧家具会对环境造成的影响，为了提升家具的环境效益，可以以家具消费行为为切入点，合理延长家具的生命周期。从家具购买的家庭决策角度来看，赵思淼等（2015）认为，在大多数情况下，妻子主要是负责家具的信息搜集、不同类型及品牌家具之间的权衡对比，而最终的家具购买决策往往是由丈夫做出的。

2.3.2 家具消费影响因素研究

Yoon等（2009）发现，有八种可能的因素影响到消费者对家具的选择，分别是款式、颜色、价格、质量、易用性维护、舒适性、材质及与其他物品的匹配。Kizito等（2012）认为，影响家具消费的四大因素分别为家具设计细节、完整性、耐用性和价格，其中设计细节包括造型、尺寸精度和款式，外在的完整性包括颜色、外在纹理及纹理的排列，耐用性包括结构的完整性、服务的期限、防虫性等，价格是指针对家具利益而言是高或低。Williams（2002）研究了社会阶层对家具购买评价标准的影响，并将评价标准分为客观（知名品牌、保修、价格低廉、性能、可靠性和耐久性）和主观（负盛名品牌、款式/外观、价值、参照质量和独特性）两大类。Bennington（2004）研究发现消费者购买家具时的六大关键评价标准是质量、款式、整体外观、颜色、木材的种类和相对价值。郑文清（2012）提出款式设计、产品和服务质量、产品价格、商场形象、广告支出及价格促销六大因素会影响家具消费者的购买决策。贾淑芳（2008）通过对深圳地区美式家具的调查发现，消费者在购买家具时会受到诸如广告媒体的宣传、品牌信誉、设计师的建议、亲朋好友的意见及商店展示等因素的影响。《光彩》杂志2011年对中国个体私营业主家具消费状况的调查显示，被调查者在购买家具时，最注重的是质量（21%）、材质（21%）、环保（16%），其次是价格（14%）、品牌（9%）、服务（6%）和其他（1%）。李霞霞等（2014）研究发现实木家具的消费者最容易受到产品品质、品牌知名度及产品种类与形式三个方面因素的影响。王丽娜等（2017）对青年群体消费行为的分析显示，青年群体在挑选家具时最注重的是家具产品的款式外观，其次是功能性，接下来依次是舒适性、环保性、品牌口碑、价格及耐用性。徐叶等（2019）通过对483名青年消费者的调研发现，引领家具消费的第一要素是外观，其次为价格和品质。

2.3.3 家具消费模式研究

家具的购买决策过程与一般商品的购买决策过程差异不大，具体可以分为四个阶段：规划和研究、商品选购、项目选择和商场体验（图2-6）。

图2-6 家具的购买决策过程

第一阶段为规划和研究阶段，类似于一般商品购买决策过程中的需求确认与信息收集阶段。Roy（2002）通过调查研究指出，消费者购买家具的原因主要是更换磨损的家具、搬到一个新的住所添置家具及想要一种新的式样和风格。从调查结果来看，商场是消费者收集信息的地方，64%的受访者通过走访卖场得到想法，其中一半受访者通过走访卖场比较价格；43%的受访者看店内广告，其中40%受访者通过看广告比较价格。近一半的受访者在一周内做了购买决定。调查结果还显示，有一半的受访者每三年就会购买一次家具。

第二阶段为商品选购阶段，类似于一般商品购买决策过程中的方案评估阶段。从调查结果来看，受访者在做出购买决定之前平均要参观 3.2 个商店。通过对家具买家的调查，76% 的受访者参观了三个或更多的商店，只有 14% 的受访者在做出购买决定之前只参观了一家商店。

第三阶段为项目选择阶段，类似于一般商品购买决策过程中的购买决策阶段。从调查结果来看，当决定购买家具时，64% 的受访者不知道想要买的品牌，42% 的受访者不知道打算买什么式样。调查结果还显示，61% 的受访者在购买家具时，是和配偶或者其他重要的人一起做决定的。

第四阶段为商场体验阶段，也被称为购后评价阶段。从调查结果来看，受访者对商场和销售人员的满意度都比较高，分别为 84% 和 82%。最重要的是，消费者会将他们不愉快的商场经历与他人分享，97% 的受访者表示会告诉其他人他们在商店的不愉快经历。

潘志全（2009）以中国家庭家具购买为研究对象，提出基于家庭的家具购买决策过程可概括为四个步骤：启动购买决策、信息收集与分享、评估与决策、购买与冲突管理，并在分析影响家庭家具购买的各种因素的基础上，构建家庭家具购买的决策模型，如图 2-7 所示。

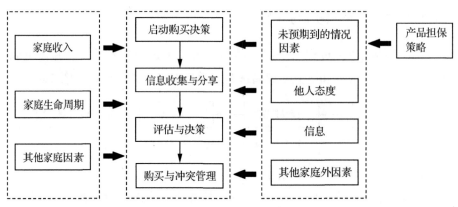

图 2-7　家庭家具购买的决策模型

随着电子商务的发展，家具行业网络营销模式日益兴起，李红利（2017）将 O2O 模式应用到现代家具行业，并依据"霍华德-谢恩模式"，构建了 O2O 模式下家具购买的决策模型，如图 2-8 所示。

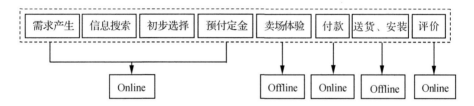

图 2-8 O2O 模式下家具购买的决策模型

2.3.4 家具消费行为研究评述

从上述文献回顾可以发现，当前在家具消费行为的研究中对影响家具购买的因素研究偏多，但是缺乏对影响因素排序的研究；随着消费者对商店形象的关注，对家具卖场形象的研究虽有所涉及，但相对较少；家具的消费模式与一般商品的消费模式差异不大，学者们往往倾向于对消费模式的构建与描述，而缺乏以消费模式为核心分析家具消费者的行为特征的研究；另外，从顾客感知价值角度分析家具消费行为的研究相对较少。因此，本书一方面依托消费者行为模型，分析消费者在家具消费各个阶段的行为特征，同时对影响消费者做出购买决策的家具产品及家具卖场形象的属性进行排序；另一方面从顾客感知价值角度出发，找出家具消费者感知价值的维度，并分析顾客感知价值是如何影响家具消费行为意向的。

本章小结

本章对行为意向、顾客感知价值及家具消费行为的研究文献进行了回顾，分别从概念、模型、测量等方面对研究内容进行了梳理与归纳。在文献梳理过程中发现，行为意向与顾客感知价值的研究成果较为丰富，应用行业也较为广泛，但基于家具行业的顾客感知价值的研究相对较少。对家具消费行为的研究，主要集中于对影响家具购买因素的研究，而对家具卖场形象因素的研究在国内较为薄弱。

参考文献

FISHBEIN M, AJZEN I, 1975. Belief, attitude, intention and behavior: an introduction to theory and research[M]. MA: Addison-Wesley.

DODDS W B, MONROE K B, Grewal D, 1991. Effects of price, brand and store information on buyers' product evaluations[J]. Journal of Marketing Research, 28(3):307-319.

BLACKWELL R D, MINIARD P W, Engel J F, 2001. Consumer behavior (9thed.)[M]. NY: Harcourt College Publishers,2001.

AJZEN I, 1985. From intention to actions: a theory of planned behavior[M]//Action Control: From Cognition to Behavior. NY: Springer-Verlag.

Ajzen I, 1991. The theory of planned behavior[J]. Journal of Organizational behavior and human decision processes, 50(2):79-222.

ZEITHAML V A, 1988. Consumer Perceptions of Price, quality and value: a means-end model and synthesis of evidence[J]. Journal of Marketing, 52(3): 2-22.

刘达成,林峰,2014. 基于理性行为理论视角的家具品牌购买决策模型构建[J]. 市场周刊(3):44-45.

ZEITHAML V A, BERRY L L, PARASURAMAN A, 1990. Delivering quality service, balancing customer perceptions and expectations[M]. New York: The Free Press.

MONROE K B, 1991. Pricing-making porfitable decisions[M]. New York: McGral Hill.

ANDERSON J C, JAIN C, CHINTAGUNTA P K, 1993. Customer value assessment in business markets: a state-of-practice study[J]. Journal of Business-to-Business Marketing, 1(1):3-29.

BUTZ H E, GOODSTEIN L D, 1996. Measuring customer value: gaining the strategic advantage[J]. Organizational Dynamics, 24:63-77.

RAVALD A, GRONROOS C, 1996. The value concept and relationship marketing[J]. European Journal of Marketing, 30(2):19-30.

WOODRUFF R B, 1997. Customer value: the next source for competitive advantage[J]. Journal of the Academy of Marketing Science, 25(2):139-153.

白长虹,廖伟,2006. 基于顾客感知价值的顾客满意研究[J]. 南开学报(哲学社会科学版)(6):14-20.

董大海,金玉芳,2004.作为竞争优势重要前因的顾客价值:一个实证研究[J].管理科学学报,7(5):84-90.

范秀成,罗海成,2003.基于顾客感知价值的服务企业竞争力探析[J].南开管理评论(6):41-45.

HOLBROOK M B, 1999. consumer value: a framework for analysis and research[M]. London: Routledge.

LAPIERRE J, 2000. Customer-perceived value in industrial contexts[J]. Journal of Business & Industrial Marketing, 15(2/3): 122-145.

ULAGA W, CHACOUR S, 2001. Measuring customer-perceived value in business markets[J]. Industrial Marketing Management, 30(6): 525-540.

郑立明,何宏金,2004.顾客价值分析模型[J].商业研究(4):100-105.

苏钰,程斌波,程卫东,2004.服务企业的顾客价值研究[J].河北建筑科技学院学报(社科版),21(1):114-116.

严浩仁,贾生华,2004.移动通信顾客忠诚驱动因素的实证研究[J].电信科学,(5):66-69.

白琳,2007.顾客感知价值驱动因素识别与评价方法研究:以手机为例[D].南京:南京航空航天大学.

SHETH et al, 1991. Customer orientation: effects on customer service perceptions and outcome behaviors[J]. Journal of Service Research, 3(3): 241-251.

BURNSED K A, 2009. Attitudes toward home furnishings case goods: an investigation of motivations and values relative to product choice[D]. Greensboro: University of North Carolina.

SWEENEY J C, SOUTAR G N, JOHNSON L W, 1999. The role of perceived risk in the quality-value relationship: a study in retail environment[J]. Journal of Retailing, 75(1): 77-105.

SWEENEY J C, SOUTAR G N, 2001. Consumer perceived value: the development of a multiple item scale[J]. Journal of Retailing, 77(2): 203-220.

GUPTA S, LEHMANN D R, 2006. Customer lifetime value and firm valuation[J]. Journal of Relationship Marketing, 5(2-3):87-110.

WANG Y g, POLO H, CHI R Y, et al, 2004. An integrated framework for customer value and customer-relationship-management performance: a customer-based perspective from China[J]. Journal of Managing Service Quality,14(2/3):169-182.

杨晓燕,周懿瑾,2006.绿色价值:顾客感知价值的新维度[J].中国工业经济,(7):110-116.

刘刚,拱晓波,2007.顾客感知价值构成型测量模型的构建[J].统计与决策,(22):131-133.

姜亮,2010.顾客感知价值与顾客满意、行为倾向关系的实证研究[D].青岛:中国海洋大学.

张磊,2020.顾客感知价值对有机茶叶产品推荐意愿影响研究[D].福州:福建农业大学.

郑文清,2012.营销策略对品牌资产的影响机理研究:以住宅家具为例[D].南京:南京林业大学.

李英禹,王伟娇,2021.网购家具顾客感知价值对网络口碑传播的影响研究:以心流体验为中介变量[J].商业经济(1):66-70.

王洋,2014.家具消费行为分析[J].现代装饰(理论)(5):209.

闫丹婷,刘雪梅,2011.家具产品的消费行为特征分析[J].山东林业科技(3):93-95.

赵思淼,张怀,李英,2015.家具消费者购买行为及模式研究综述[J].中国林业经济(2):66-69.

YOON S Y, CHO J Y, 2009. Understanding furniture decision making process and design preference using Web-Based VR technology[J]. Journal of Annual Conference of IDEC, 2009(3): 25-28.

KIZITO S, BANANA A Y, BUYINZA M, et al, 2012. Consumer satisfaction with wooden furniture:an empirical study of household products produced by small and medium scale enterprises in Uganda[J]. Journal of the Indian Academy of Wood Science, 9(1): 1-13.

WILLIAMS T G, 2002. Social class influences on purchase evaluation criteria[J]. Journal of Consumer Marketing, 19(3): 249-276.

BENNINGTON R R, 2004. Furniture marketing:From product development to distribution[M]. 2nd ed. New York:Fairchild Publications, Inc.

贾淑芳,2008.美式家具消费者行为研究[D].中南林业科技大学.

李霞霞,陈于书,2014.基于生活方式的现代实木家具消费者行为研究[J].家具,35(1):56-61.

王丽娜,许柏鸣,2017.青年群体家具消费行为研究[J].家具,38(3):64-67.

徐叶,李克忠,2019.青年群体家具消费行为研究:基于长沙为代表的二线城市家具消费者的调查[J].现代商业,(20):5-7.

ROY J, 2002. The Consumer Purchasing Process Part 1 and 2[J]. Journal of Furniture World Magazine,(1):1-5.

潘志全,2009.耐用品的家庭购买决策行为研究:以中国家庭家具购买为例[D].上海:复旦大学管理学院.

李红利,2017.传统家具行业O2O模式应用研究[J].北方经贸,(1):50-52.

第三章 理论基础

3.1 消费者行为理论

消费者的购买行为提供了有关消费者的信息消费模式。企业拥有了消费者的购买行为数据，就可以依此来推断市场趋势，找出企业品牌受到的威胁与存在的机遇。在瞬息万变的营销世界里，只有顾客是永恒的，确保产品经久不衰的唯一宝典就是充分了解顾客的消费行为。因为企业只有对消费者的行为有全面的了解，才能开展有效的企业营销与经营管理，这正是消费者行为研究的重要意义（Hawkins et al, 2014）。然而，了解消费者的行为，并没有这么简单。消费者可能不知道自己更深层次的内在动力，也可能在最后一刻才做出反应，甚至某个突发的小事件就能轻易改变他们的想法。因此，营销人员应该持续地关注顾客的需求、购买量和购买行为。

对消费者行为理论的研究重点围绕影响消费者行为的因素、行为动机和购买决策过程三大方面展开，而这三大方面的研究都是以顾客为中心的。通过对消费者行为理论的研究，能够更加清晰地创造和开发顾客感知价值，因而对于顾客感知价值理论而言，消费者行为理论具有重要的指导意义。

3.1.1 消费者行为模型

西方学者总结并归纳了许多消费者行为模型，其中比较著名的有尼科西亚模型（Nicosia Model）、刺激-机体-反应模型（S-O-R Model）、科特勒模型（Kotler Model）、恩格尔-科拉特-布莱克威尔模型（Engel-Kollat-Blackwell Model，简称 EKB 模型）等。下面将从本书的研究内容出发，具体介绍 EKB 模型和科特勒模型。

1. EKB 模型

1968 年，Engel，Kollat 和 Blackwell 提出了消费者决策模型，并将其命名为 EKB 模型，在多次修改之后，该模型愈加完整和清晰，成为消费者行为理论中的经典模型之一。在这个模型中，消费者行为由两部分组成：购买决策和购买行为。购买决策描述了在使用与处置产品和服务之前，消费者的心理活动和行为倾向，这是消费者态度形成的过程；购买行为是购买决策的着陆点，体现了具体的购买实施过程。购买决策与购买行为两者相互交融、相互作用和相互影响，呈现了现实生活中的真实消费行为。图 3-1 描述了完整的 EKB 模型。

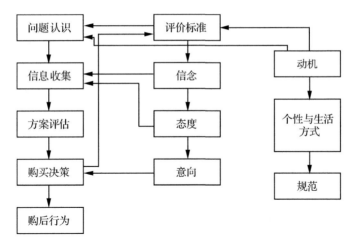

图 3-1　EKB 模型

2. 科特勒模型

消费者的购买行为通常受到一系列复杂因素的影响。首先，在外部环境和企业内部营销的双重刺激下，消费者产生了一系列整合个人特征的心理活动过程；然后，在心理活动的支配作用下，消费者产生了一系列购买决策行为；最后，呈现在我们面前的是消费者对经销商、品牌、产品的选择，以及消费者所采用的购买渠道、付款方式等。然而，在从内外部刺激到最终购买的过程中，消费者的意识中到底发生了什么，除消费者本人以外，外人不得而知，因此营销学理论界把这一系列复杂因素产生影响的环节或过程形象地称为"消费者购买心理暗箱"。研究和了解"消费者购买心理暗箱"中发生的事情，将有助于企业采取正确和行之有效的策略。图3-2为菲利普·科特勒提出的同时兼顾社会和消费者个人特征的消费者购买行为模型，简称科特勒模型。

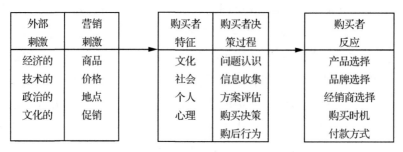

图 3-2　科特勒模型

3.1.2　影响消费者购买行为的因素

消费者的购买决策行为之所以千差万别，主要是因为消费者在做出购买决策的过程中受到多重因素的影响，其中包括文化因素、社会因素、个人因素和心理因素。

文化因素包括语言、宗教信仰、价值观、社会制度、社会结构、审美、教育、道德、风俗习惯等多个方面。文化因素是影响人的欲望和行为最基础的决定因素，也是差异性消费行为背后的深层原因。社会因素是消费者在社会中与相关成员的各种联系，如消费者与家人、朋友、同学、协会组织、球星等相关群体的联系，并在这种联系过程中所形成的地位与角色。社会因素不仅会对消费观念产生极大的影响，还会对消费者形成一种无形的压力，使消费决策过程受到制约。个人因素是指消费者的个人特征，通常包括年龄与所处的生命周期阶段、职业与经济环境、生活形态、个性和自我概念等。个人特征的不同导致消费者的行为呈现出巨大的差异性。心理因素包括动机、知觉、学习、信念和态度，它们会对消费者需要的形成、消费者行为方式等产生深刻的影响。

3.1.3　消费者购买行为类型

消费者的购买行为会因购买对象的不同而有所差异，这主要是由于制定购买决策的过程不同。有的商品价格低，消费者比较熟悉且有购买经验，制定购买决策的过程就简单，购买行为也随之简单；有的商品昂贵，或者消费者缺乏相应的购买经验，制定购买决策的过程就复杂，购买行为也随之复杂。往往较为复杂和花钱多的决策都不会轻易地做出来，而是购买者在反复权衡的基础上，听取家人、朋友等意见，并和家人共同做出决策（郭国庆，2011）。通常，不同类型产品的品牌差异程度有大有小，顾客在不同类型产品的消费过程中的参与程度有高有低，而将这两个情况进行组合，就形成了消费者购买行为的四种类型，如表3-1所示。

表3-1 消费者购买行为类型

品牌差异程度	购买参与程度	
	高	低
大	复杂型购买行为	变换型购买行为
小	协调型购买行为	习惯型购买行为

本书研究的家具产品是典型的耐用品，其购买频率相对较低，很多家庭家具的使用寿命甚至达到10年以上。由于家具产品的金额相对较大、品质良莠不齐、品牌差异也较大，而且顾客往往缺乏家具产品的专业知识，因此在制定购买决策的过程中，他们往往需要花费大量的时间、精力去收集更多的产品信息，经过货比多家之后，才会慎重地做出购买决定，从而希望能够最大限度地降低风险。通过以上描述可以判断，家具的消费行为属于典型的复杂型购买行为，而复杂型购买行为的决策过程中往往需要更多的人参与，尤其是家庭成员将发挥重要作用。

3.1.4 消费者购买决策过程

消费者购买决策过程可用EBB模型来说明，如图3-3所示。在EBB模型中，购买行动是企业关注的核心，它涵盖了顾客从打算购买前的准备到做出购买决策的全过程，具体包括问题认识、信息收集、方案评估、购买决策、购后行为五个阶段。当然，并不是每次购买都会经过上述五个阶段，尤其是日常的习惯性购买行为。但是，在复杂型购买行为中，这五个阶段往往是不可缺少的，本书研究的家具购买行为就属于此种类型。

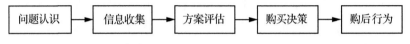

图3-3 消费者决策购买流程（Blackwell et al，2010）

1. 问题认识

顾客需求是所有购买决策的开始。当人们感觉到实际情况与理想状态之间存在差异时，为了弥补这种差异，就会产生需求。需求可由内部刺激和外部刺激产生，其中内部刺激是动机、态度和性格等，外部刺激则是文化、社会和家人等。因此，在销售产品时，第一个步骤是寻找未满足的需求。在这个阶段，企业从消费者那里发现他们的需求或急需解决的问题，同时思考如何才能帮助消费者解决这个问题，又应该提供什么样的产品才能满足他们的需求。此外，企业必须密切关注消费趋势，因为随着消费趋势的变化，消费者的问题和需求也发生变化。

2. 信息收集

需求确认以后，消费者即开始搜索信息和寻找解决方案。信息的搜寻可以从内部和外部两方面着手，内部即从记忆中提取，外部即从家人、朋友处与市场上收集。有时，消费者是被动地进行搜索，只会接收在其周围的信息；有时，消费者会进行主动搜索，如研究消费者出版物、关注广告或走访购物中心等。消费者搜寻的广度与深度，取决于个人的个性、社会阶层、收入、购买规模、过去经验、先前的品牌知识及顾客满意度等。

消费者的信息来源包括个人来源（家人、朋友、邻居及熟人）、商业来源（广告、销售人员、经销商、包装及展示）、公共来源（大众传播媒体、消费者评鉴机构、网络搜寻）、经验来源（体验、调查及使用产品的经验）。这些信息来源的影响力会随着产品、消费者的不同而有所差异。对于消费者而言，从商业来源收集的主要是产品信息，这类信息通常是企业营销人员所能控制的；值得消费者信赖并对其产生重要影响的来源则是个人来源。商业来源承担的更多是告知功能，而个人来源承担的则是认定与评价功能。相较于有特定利害关系的信息来源，消费者更信赖个人来源，因为家人或朋友很少会企图从消费者的决策中获取利益。

3. 方案评估

在消费者的决策程序中，这一阶段是评估信息收集过程中所获得的方案。消费者会利用自己的评价准则,对丰富多样的产品、品牌与商店进行评价,并最终选择最令自己满意的产品、品牌与商店。而消费者所选用的评价准则会因人而异,并且消费者在做评估时还会受到个体差异(动机、知识、态度、人格、价值观、生活形态等)与环境(文化、社会阶层、人员影响、家庭等)的影响。

在评估方案时,某些属性具有显要性,某些属性具有决定性,而这两类属性都会影响营销与广告策略,如价格、可靠性及相似产品类型间微乎其微的差异对于消费者而言可能都是显要属性。方案在决定属性上的差异,通常会影响消费者决定所要选择的品牌或商店,特别是在消费者认为显要属性都相同的情况下,决定属性将会更加重要。消费者通常会关注数量、规格、品质、价格之类的属性,而这些属性的改变会影响消费者对品牌及产品的选择。因此,企业应该研究顾客的消费行为,从而找出顾客实际上如何对不同品牌做评估。企业如果知道评估过程如何进行,就可以采取一些措施来影响购买决策。

4. 购买决策

在评估阶段,消费者对品牌进行排名并形成购买意向。一般情况下,消费者将购买最喜欢的品牌,但两个因素的介入可能会影响消费者的购买意向和购买决策。一个因素是他人的态度,如家人、朋友和亲戚的态度;另一个因素是非预期事件因素,非预期事件的发生可能会改变消费者的购买意向。因此,偏好或购买意向不一定总能产生实际的购买行为。

5. 购后行为

购买一个产品以后,消费者可能会觉得满意或不满意,他们会有一些购后行为。消费者是否满意,取决于消费者所感受到的效用与预期效用的比较,若实际效用大于预期效用,则消费者满意;反之,若实际效用小于预期效用,则消费者不满意。消费者满意度问题是非常值得企业关注的,因为消费经历会成为消费者记忆的一部分,从而对其未来的决策行为产生影响。如果消费者感到高度满意,那么后续的购买决策就会变得比较简单。对于感到满意的顾客,大多数的竞争对手会被其排除在决策之处,因为这些顾客会习惯性地在相同的商店购买相同品牌的产品。然而,对于感到不满意的顾客,无论是对所购买的产品感到不满意,还是对购买产品的商店所提供的服务感到不满意,都为承诺提供更好产品和服务的竞争对手创造了新的机会。

3.2 顾客价值需求的"三因素"理论

顾客价值需求既是一件很复杂的事情,又是一种凸显企业竞争实力的象征。企业如果能清楚地知道顾客的真实需求及需求背后的驱动因素,就能有的放矢地为顾客创造价值。

日本东京理科大学教授狩野纪昭提出从基本性需求、满意性需求和吸引性需求"三层次"来研究顾客价值需求。汤普森(2003)在马斯洛的需求层次理论和狩野纪昭的"三层次"理论的基础上发展出了"三因素"理论,即基本因素、满意因素和吸引因素,并构建了图3-4所示的顾客需求层级模型。

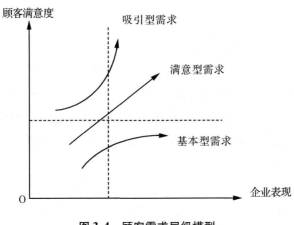

图3-4 顾客需求层级模型

3.2.1 基本因素

基本因素是顾客最底层的需求,代表企业生存最基本的要素或所需要的基石,如果企业达不到这样的最低标准,顾客就不会把企业作为考虑的对象,企业就会流失顾客。但是,企业在基本因素方面表现再好、再出色,也无法形成独特的竞争优势,从而吸引顾客。因此,基本因素是最低限度的需求,企业必须达到业界的水准,才有资格成为供应商。

3.2.2 满意因素

满意因素是顾客中等层次的需求，能够改善顾客对企业的感觉和印象，但对于企业而言是相对不重要的，企业并不能单方面驱动顾客的购买行为。但是，如果企业能在一些满意因素方面下苦功并且表现突出，就能给顾客呈现一个良好的企业形象、品牌形象，而良好的企业形象、品牌形象无疑会提升顾客的满意度。研究表明，顾客满意度与满意因素之间呈现出一种线性关系，即表现得越好或提供得越多，顾客满意度就会等比例上升，反之亦然。

3.2.3 吸引因素

吸引因素是顾客最高等级的需求，企业如果想形成自己独特的竞争优势，就要在这类顾客需求方面下足功夫，只有成为行业的佼佼者，才能留住自己的顾客，同时吸引竞争对手的顾客，最终占有更大的市场份额。与满意因素不同的是，顾客满意度与吸引因素之间呈现出非线性关系，企业在吸引因素方面的改善所提供的价值感受，能给顾客带来更大比例的满意度提升。

根据"三因素"理论，顾客感知价值的不同构成要素对顾客的消费行为具有不同的作用力，它们应该有不同的优先顺序，通过合理的顺序安排，可以给顾客创造最大的感知价值，从而有效驱动顾客的消费行为。对于企业而言，首先是应该做好基本因素，使自己具备竞争的资格；其次是提供业界最高标准的吸引因素，形成差异化的竞争优势；最后是提供完善的、全面的满意因素，树立良好的企业形象、品牌形象。

3.3 顾客满意理论

3.3.1 顾客满意的含义

自顾客满意概念于1965年被提出以后，顾客满意问题就成为营销学的研究热点。企业如此重视顾客满意，是因为较高的顾客满意水平往往意味着较高的顾客留存率和对企业绩效的长期积极影响。学者们从不同角度对顾客满意概念进行了界定。Oliver（1980）认为，顾客对产品或服务的满意程度取决于他们先前持有的期望与实际消费中的体验的比较。Bolton et al（1991）认为，顾客满意是顾客购后经验产生的情感因素，会影响到购后意愿和行为。Anderson（1973）将顾客满意按照对特定交易行为的累积和对先前服务经历的累积两种不同情况分为特定交易型（Transaction Specific）与累积型（Cumulative），前者是顾客对特定交易行为的事后评价，后者是顾客基于全面购买与消费经验而进行的总体评价。事实上，累积型顾客满意更有助于准确预测企业过去、现在和未来的绩效水平，这也是促使企业对提高顾客满意程度进行巨额投资的重要原因。

累积型综合考虑了顾客在一段时间里的所有购买与消费经验，并能够对随之而来的顾客购买决策产生极其重要的影响。家具作为耐用品，消费者对其购买往往较为谨慎，消费者通常会与家具销售商进行多次接触，综合比较后才会做出购买决策。因此，本书借鉴 Oliver 等学者对顾客满意的界定，将家具消费者满意度定义为在购买家具后家具消费期望与实际体验感知相比较被满足的程度。这个概念既体现了消费者累积的对购买经验的情感评估，又体现了最近的产品消费体验。

3.3.2　顾客满意度的测量

目前，对顾客满意度的测量主要分为整体测量和分项目测量两种。有学者认为顾客满意度是顾客对产品不同属性的主观评价的总和，可以被视为一个整体性概念，因此可将"整体满意度"（Overall Satisfaction）作为衡量指标。但是，更多的学者认为"满意度"这个概念包括多重含义，应用多重项目来衡量。例如，Cronin 等（2000）从顾客消费经历的愉快程度，对企业服务的满意程度，顾客是否觉得自己的消费决策是明智的、正确的四个方面来测量顾客满意度；温碧燕等（2004）从顾客对消费经历的满意程度，对企业服务的满意程度，顾客是否觉得自己的消费决策是明智的、正确的四个方面来测量顾客满意度；韩小芸等（2003）从顾客对自己的消费经历的满意程度，愉快程度，对企业的满意程度，顾客是否觉得自己的消费决策是明智的，企业服务满足顾客期望程度五个方面来测量顾客满意度。本书认为，顾客满意度的测量既要考虑整体性，也要进行期望比较，因此宜采用多重项目来衡量顾客满意度。借鉴上述学者的研究，结合家具消费特征，本书选择从总体满意度、期望比较、决策明智三个方面来衡量顾客满意度。

3.3.3 顾客满意度理论模型

为了解释顾客满意度的形成机制，分析顾客满意度对顾客未来消费行为的影响程度，学者们提出了多种理论模型并进行了验证，其中具有代表性的理论模型有期望确认理论模型、愿望满足-期望一致模型、情感模型、顾客满意度指数模型等。下面将从本书的研究内容出发，重点介绍期望确认理论模型和顾客满意度指数模型。

1. 期望确认理论模型

Oliver（1980）提出期望确认理论（Expectancy Confirmation Theory），该理论被广泛用来评估消费者的满意度和购后行为，图3-5为期望确认理论模型。该理论认为，顾客采取哪种购后行为，取决于顾客的满意程度，而满意程度的判断基于事先期望与实际绩效的差异。因此，若实际绩效大于事先期望，则顾客感到满意，顾客就会成为常客；若实际绩效小于事先期望，则顾客感到不满意，顾客就不再光顾，企业就会失去顾客；若实际绩效等于事先期望，则顾客无所谓满意或不满意，对企业印象薄弱，只有在没有竞争对手时才会光顾。企业如果想留住顾客，就要让顾客有"超值"的体验，而企业首先需要了解的是哪些价值是顾客所需要的，这样才能有的放矢地提供"物超所值"的价值体验。

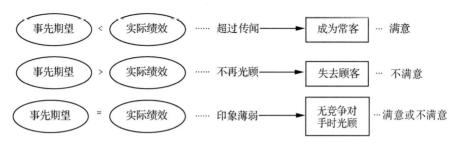

图 3-5　期望确认理论模型

2. 顾客满意度指数模型

顾客满意度指数（Customer Satisfaction Index，CSI）最早由瑞典于1989

年建立，由顾客期望、感知质量、感知价值、顾客满意、顾客抱怨和顾客忠诚六大要素组成，经过科罗恩·费耐尔等人的修订，在1996年形成了美国顾客满意度指数（American Customer Satisfaction Index，ACSI）。ACSI模型是目前体系最完整、应用效果最好、影响力最大的顾客满意度理论模型（图3-6）。

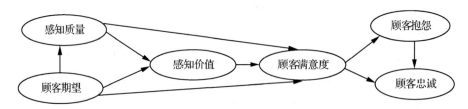

图3-6 美国顾客满意度指数模型（Fornell et al, 1996）

通过对ACSI模型的分析可以发现，感知价值会对顾客满意度产生直接影响，而顾客满意度直接影响到未来的顾客忠诚。甚至如果顾客满意度较差，还可能招致顾客投诉。因此，从顾客感知价值入手，提升顾客满意度、培养忠诚顾客，对于企业未来的可持续发展至关重要。

3.4 体验经济理论

体验经济最早出现在阿尔文·托夫勒于1970年出版的《未来的冲击》一书中，该书认为体验业将成为未来经济活动的主导产业。1980年在《第三次浪潮》一书中，托夫勒再次提及体验经济，并指出体验业是服务业的发展方向，企业可以通过提供体验服务在竞争中取胜。1999年，随着约瑟夫·派恩和詹姆斯·吉尔摩合著的《体验经济》一书的问世，"体验经济"（Experience Economy）概念被正式提出并在世界范围内盛行、普及和应用。从此，"体验"（experience）不再是虚无缥缈的概念，而是体验经济下的一种新型经济物品，是像服务、货物一样实实在在存在的产品，越来越受到企业的关注，应运而生的"全面客户体验"或"品牌客户体验"也日益成为企业消费行为研究的一个重要组成部分。

为了能更准确地定义体验这一经济术语，相关领域的专家正在进行积极的探索。《体验经济》中，作者将体验定义为"当一个人的情绪、体力、智力甚至精神达到某一特定水平时，他意识中所产生的美好感觉"，并根据消费者的参与程度和参与类型的不同，将体验划分为娱乐体验、教育体验、遁世体验和审美体验四大类别，简称"4E体验王国"（图3-7）。其中，娱乐体验是人们被动参与并身心投入，教育体验是人们主动参与并身心投入，遁世体验是人们主动参与并融入其中，审美体验是人们被动参与并融入其中。

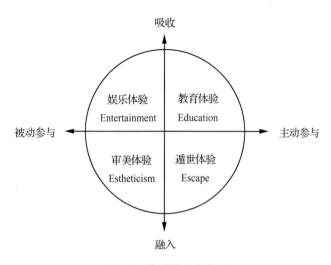

图3-7 体验的四大类别

Schmitt（2003）认为体验是在直接观看或参与某事件的过程中对某些刺激产生的内在反应，并依据生理学、心理学和社会学的理论，从市场营销的角度将体验分为感官体验、情感体验、思考体验、行动体验、关联体验五种类型。其中，感官体验是通过视觉、听觉、触觉、味觉和嗅觉设计感官上的体验；个性化的设计可以增加美感或提高兴奋度，从而实现企业和产品的差异化，激发顾客的购买欲望并给产品增加价值。情感体验是从顾客内在的情绪和情感入手，设计的出发点是激发顾客的某些特定情绪、情感和意愿，如快乐情绪、怀旧情感等。思考体验是通过创意性的设计激发顾客的发散性思维，从而为顾客创造运用智力进行认知和解决问题的体验，在高科技领域运用较多。行动体验旨在通过向顾客展示不同的做事方式、生活方式及互动方式来提升顾客身体体验。关联体验是通过个人与理想中的自我、他人及社会文化产生关联来创造顾客的体验；企业通过选择合适的参照群体为顾客创造一种与众不同的社会地位，从而让顾客为成为这一群体的一分子而感到自豪,最终成为企业品牌的忠诚拥护者。

在体验经济条件下研究消费者行为模式,可以确保企业能够真正给消费者提供期待的感觉(wished feeling),使消费者在消费产品和服务时感到"物超所值",给消费者留下难以忘怀的印象,从而驱动消费者内心深处的购买愿望、强化需求动力,最终保障企业长久、高效、健康运行。

本章小结

本章介绍了本书的相关理论基础:消费者行为理论、顾客价值需求的"三因素"理论、顾客满意理论和体验经济理论。综合上述理论与分析发现,企业要想给消费者提供卓越的顾客价值,就必须对消费者的需求进行深入分析,消费者行为理论为顾客感知价值分析提供了指导;而顾客满意是顾客感知价值与行为意向之间的中介变量,顾客满意理论研究有助于企业更好地发挥顾客价值管理的作用并有效驱动顾客的行为意向;利用顾客价值需求的"三因素"理论,可以对影响的家具消费因素进行层次划分,为企业制定分层营销策略提供依据;随着家具消费的个性化趋势愈加明显,提升体验价值及运用私人定制策略,能更好地提升家具消费感知价值。

参考文献

HAWKINS D I, MOTHERSBAUGH D L, 2014. Consumer behavior: building marketing strategy[M]. 12th ed. McGraw-Hill Education.

郭国庆,2011.市场营销学[M].北京:中国人民大学出版社.

BLACKWELL R D, MINIARD P W, ENGEL J F, 2010. Consumer behavior[M]. 10th ed. NY: Harcourt College Publishers.

汤普森.创造顾客价值[M].赵占波,译.北京:华夏出版社,2003.

王永贵,韩顺平,邢金刚,等,2005.基于顾客权益的价值导向型顾客关系管理:理论框架与实证分析[J].管理科学学报,8(6):27-36.

OLIVER R L, 1980. A cognitive model of the antecedents and consequences of satisfaction decisions[J]. Journal of Marketing Research,17(4):460-469.

BOLTON R N, DREW J H, 1991. A multistage model of customers' assessments of service quality and value[J]. Journal of Consumer Research, 17(4): 375-384.

Anderson R E, 1973. Consumer dissatisfaction: the effect of disconfirmed expectancy on perceived product performance [J]. Journal of Marketing Research, 10(1): 38-44.

CRONIN J J, Jr, BRADY M K, HULT G T M, 2000. Assessing the effects of quality, value, and customer satisfaction on consumer behavioral intentions in service environments[J]. Journal of Retailing, 76(2): 193-218.

温碧燕,岑成德,2004.补救服务公平性对顾客与企业关系的影响[J].中山大学学报(社会科学版)(2):24-30.

韩小芸,汪纯孝,2003.服务性企业顾客满意感与忠诚感关系[M].北京:清华大学出版社.

FORNELL C, JOHNSON M D, Anderson E W, et al, 1996. The American customer satisfaction index: nature, purposes, and findings[J]. Journal of Marketing(60):7-18.

PINE B J, GILMORE J H, 1999. The experience economy: work is theatre & every business a stage[M]. Massachusetts: Harvard Business School Press.

SCHMITT B H,2003. Customer experience management: a revolutionary approach to connecting with your customers [M]. Hoboken, NJ7 John Wiley & Sons, Inc.

第四章
家具消费行为分析

4.1 家具行业发展概况

近年来,随着加工能力的不断提高和生产条件的逐步改善,以及设计、生产、管理、营销等队伍的持续壮大,我国家具行业技术水平、产品质量得到了全面提升,产业产值大幅提升、产业规模不断扩大、产业结构进一步优化,我国家具产业进入了快速发展期。根据中国家具协会的统计,截至2020年年底,我国已建成50个家具产业集群,覆盖珠江三角洲、长江三角洲、环渤海、东北、中部、西部六大板块,我国已经成为世界瞩目的家具生产大国和家具第一出口大国。作为我国国民经济重要产业的组成部分,家具产业应充分发挥集聚效应,提升区域创新能力和竞争力,以点带面,推动区域相关产业和经济发展。

4.1.1 家具行业总产值情况

1978年我国家具行业总产值仅为13亿元,之后经过十年的发展,我国家具行业实现了由计划经济向市场经济的转变,到1988年我国家具行业总产值已升至41.08亿元。1988年以后,越来越多的人进入家具产业,家具民营企业如雨后春笋般涌现,伴随着民营企业的快速发展,港台资企业和外资企业纷纷看好内地(大陆)市场并向内地(大陆)市场转移,推动了我国家具产业进入高速发展期。

近二十年，我国家具行业总产值年平均增速保持在15%以上，尤其是2004年更是以30%以上的速度迅猛增长，远远超过国民经济的增长速度。家具行业总产值在国民生产总值中所占的比重逐年增加，说明家具行业正随着我国经济的不断增长而持续稳定地发展，并且逐渐成为国民经济中不可缺少的重要行业。

4.1.2 家具行业出口情况

"十三五"期间，我国家具出口总体保持增长态势，但是增速呈现波动趋势。根据海关总署的统计数据，2021年中国家具全行业累计出口金额达到738亿美元，同比增长26.4%。但2016年中国家具全行业累计出口金额约为492亿美元，同比大幅下滑9.4%，原因在于人民币汇率的上升和生产成本的增加使得价格优势减弱，导致出口乏力。图4-1为2015—2021年中国家具行业出口情况。

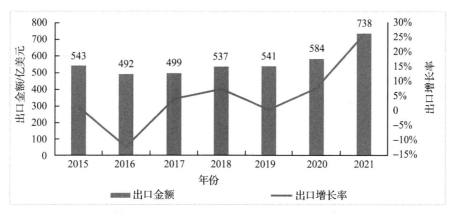

图4-1　2015—2021年中国家具行业出口情况

4.1.3 家具行业规模以上企业产销情况

1. "十三五"期间行业发展格局

"十三五"期间，随着产业规模化、集约化发展，我国产业集中度不断提高，大型企业的竞争力进一步增强，家具行业逐渐形成以大型企业为龙头、中小型企业为主体的格局。2015—2021年，我国家具行业规模以上企业的数量呈稳步增长态势，但整体来看增速有所放缓，2020年达到6 544家，2021年上升至6 647家，较2020年增加了103家，同比增长1.57%，如图 4-2 所示。

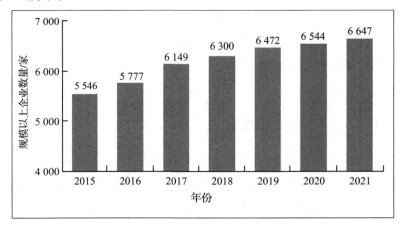

图 4-2　2015—2021 年中国家具行业规模以上企业数量

2. 主营业务收入及行业利润率

"十三五"期间，我国家具行业规模以上企业主营业务收入呈现波动增长趋势，从 2015 年的 7 872.5 亿元增长到 2021 年的 8 004.6 亿元，平均增速约为 6%，如表 4-1 所示。进一步分析显示，不同类型企业主营业务贡献率有很大差异，以 2015 年为例，小型企业实现主营业务收入 4 145.22 亿元，占全部的 52.65%；中型企业实现主营业务收入 2 356.96 亿元，占全部的 29.94%；大型企业实现主营业务收入 1 370.33 亿元，占全部的 17.41%。2015—2021 年，我国家具行业主营业务利润率在 5.41% 和 6.50% 之间，由于成本及环境压力，利润总额增速出现较大波动，其中 2018 年、2020 年为负增长。

表 4-1　2015—2021 年中国家具行业规模以上企业主营业务收入及行业利润率

年份	主营业务收入/亿元	主营业务利润率/%	利润总额增速/%
2015	7 872.5	6.36	11.77
2016	8 559.5	6.28	6.80
2017	9 112.6	6.20	4.90
2018	7 081.7	6.01	−3.27
2019	7 117.2	6.50	7.95
2020	7 052.4	5.92	−10.80
2021	8 004.6	5.41	3.69

资料来源：中国家具协会官网。

我国家具行业主营业务收入在不同子行业中有明显差异。以 2021 年为例,木制家具制造业主营业务收入位列行业第一,高达 4 621.31 亿元,占整个家具制造业主营业务收入的 57.73%,同比增长 12.28%;其次是金属家具制造业,主营业务收入为 1 784.27 亿元,占比 22.29%,同比增长 15.31%,超过行业平均增速;第三为其他家具制造业,主营业务收入为 1 391.53 亿元,占比 17.38%,同比增长 14.85%;竹、藤家具制造业及塑料家具制造业主营业务收入相对较低,仅为 99.25 亿元和 108.22 亿元。具体情况如表 4-2 所示。

表 4-2 2020 年和 2021 年中国家具行业规模以上企业主营业务收入

行业名称	2021 年主营业务收入/亿元	2020 年主营业务收入/亿元	增速/%
家具制造业	8 004.58	7 052.37	13.50
木制家具制造业	4 621.31	4 115.95	12.28
竹、藤家具制造业	99.25	90.32	9.89
金属家具制造业	1 784.27	1 547.31	15.31
塑料家具制造业	108.22	87.14	24.19
其他家具制造业	1 391.53	1 211.65	14.85

资料来源:《2022 中国家具年鉴》。

3. 出口交货值

从出口交货值来看,以 2021 年为例,我国家具行业规模以上企业出口交货值为 1 825.32 亿元,与 2020 年相比,增速达到 12.32%。其中,木制家具制造业出口交货值为 655.49 亿元,同比增长 9.04%;金属家具制造业出口交货值为 660.25 亿元,同比增长 15.21%;其他家具制造业出口交货值为 434.42 亿元,同比增长 10.86%;竹、藤家具制造业及塑料家具制造业出口交货值仅为 31.97 亿元和 44.19 亿元,但增速远高于行业平均增速。具体情况如表 4-3 所示。

表 4-3 2020 年和 2021 年中国家具行业规模以上企业出口交货值

行业名称	2021 年出口交货值/亿元	2020 年出口交货值/亿元	增速/%
家具制造业	1 825.32	1 626.00	12.32
木制家具制造业	655.49	601.17	9.04
竹、藤家具制造业	31.97	25.76	24.11
金属家具制造业	660.25	573.07	15.21
塑料家具制造业	44.19	34.13	29.48
其他家具制造业	434.42	391.87	10.86

资料来源：《2022 中国家具年鉴》。

4.1.4 民用家具消费趋势分析

1. 影响家具需求的因素

（1）居民收入增加推动家具消费能力增强

改革开放四十多年来，人们的生活水平有了很大提高。2021 年，我国城镇居民人均可支配收入为 47 411.9 元，剔除物价上涨因素，比上年实际增长 8.2%；农村居民人均可支配收入为 18 930.97 元，剔除物价上涨因素，比上年实际增长 10.5%。图 4-3 为 2012—2021 年中国城乡居民人均可支配收入情况。

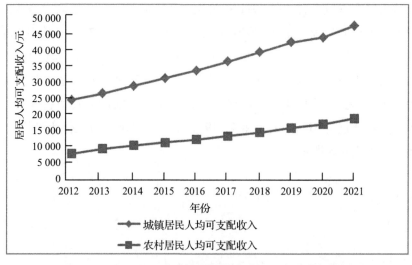

图 4-3 2012—2021 年中国城乡居民人均可支配收入情况

随着城乡居民收入的增加,我国社会消费结构也在悄然发生变化:逐渐从基本生活型向现代生活型转变。城乡居民在衣、食等基本生活用品方面的支出比重不断下降,而在住房、文化娱乐、医疗保健、交通通信及高档家庭设备等方面的支出比重显著上升。我国城乡家庭恩格尔系数(家庭食品支出总额占家庭消费支出总额的比重)分别从1978年的57.5%和67.7%下降到2021年的28.6%和32.7%。2021年,我国社会消费品零售总额高达440 823.2亿元,比上年增长12.5%,其中家具商品零售市场的成交额为545.2亿元,家具内需依旧强劲。

(2) 住宅改善刺激需求

在家具产业快速发展的过程中,社会经济条件的发展起到巨大的推动作用。其中,起决定性作用的主要有人口的激增、居民收入水平的提高及建筑业的迅猛发展。尤其值得关注的是,进入20世纪80年代以后,随着我国商品房制度的改革,建筑业得到迅猛发展,住宅商品房销售额在2012年到2021年这十年间,从53 467.18亿元增长到162 729.9亿元。自2001年以来,我国城镇平均每年新建住宅7.2亿平方米,如果新迁居的家庭有80%购买新家具,按平均每平方米用家具100元计算,那么我国城镇每年新建住宅刺激的家具需求就达到576亿元。我国农村平均每年新建住宅8.2亿平方米,如果农村市场家具消费相当于城市的20%,那么我国农村每年新建住宅刺激的家具需求大概为131亿元。住宅条件的日益改善,使得居民在家居装潢上舍得投资,房屋装修档次、装修质量也在不断提升,居民购买家具的能力正不断增强,整体家具市场发展迅速。

(3) 儿童家具消费逐渐上升

随着家庭收入的增加、住房条件的改善,很多独生子女拥有了属于自己的房间,家长们希望为子女营造良好的成长环境,倾向于给子女购买属于他们自己的儿童家具,打造一个儿童专属的小天地。因此,儿童家具消费呈现快速上升势头。根据第七次全国人口普查数据,我国大陆31个省、自治区、直辖市和现役军人中,0—14岁人口约为2.5亿人,占总人口的17.95%。针对这个年龄段的孩子需求,健康、环保、时尚、益智的儿童家具具有广阔的市场前景。

(4) 老龄化进程加快,适老家具变新蓝海

我国已步入老龄化社会,第七次全国人口普查表明,我国60岁及以上

老年人口占总人口的 18.7%,其中 65 岁及以上人口占总人口的 13.5%。我国人口老龄化进程加快,由于年龄和身体条件的限制,老年人家庭需要配备相应的适老家具,适老家具将成为家具行业的一个新蓝海。针对老年人的生活习惯,设计和生产安全、舒适、环保及实惠的家具满足老年消费者的需求,从而挖掘出这一潜在消费群体。

(5) 消费观念转变

随着新消费时代的到来,人们的价值取向及消费观念发生了巨大转变,家具消费观念也随之变化,从崇尚耐用到追求时尚、个性化。过去家具是耐用品,一套家具可以使用十几年、几十年甚至还要传给下一代。而现在很多人已经把家具看作一种普通商品,通常几年就要更新换代,这必将大大促进家具的生产和消费。第七次全国人口普查数据显示,我国大陆 31 个省、自治区、直辖市共有家庭 49 415 万户。按照家具更新周期 10 年计算,我国每年将有 4 941 万户更新家具。如果按照每户花费 1 000 元计算,那么我国每年家庭更新家具的市场需求可达 494 亿元。而在时尚、个性化的消费观念引导下,家具更新周期缩短,一般在 4 年至 8 年。家具更新周期缩短,将进一步扩大对家具的需求。

2. 家具消费趋势

经过二十多年的发展,我国家具产业体系初步形成,与此同时,随着我国逐步进入小康社会,人们的收入水平、生活水准和教育水平都得到了很大的提高。国内消费者对家具产品或商家的服务水准的期望值也就越来越高,我国家具市场已经进入差异性营销阶段,家具企业越来越注重产品的细分、市场的细分和商圈的细分,家具行业的经营也逐步由家具文化向家居文化延伸,企业专业化、产品系列化和市场细分化将成为家具行业发展的新趋势(彭晓瑞,张占宽,2020)。在新的趋势下形成了两大消费群体:一是随着生活水平的提高,以家具更新为目标的消费群体;二是以改善生活为目标的消费群体。两种消费群体不同的消费需求和整体的消费结构变化决定了市场定位和销售方式的更新。需求多样化、消费需求升级是家具市场的两大基本特征;健康、环保、时尚、个性化是家具市场发展的新主题。

4.2 家具消费行为调研与分析

4.2.1 家具消费行为调研

经过深度访谈、资料整理及实地考察，本研究针对家具消费行为特征进行了调查问卷的设计。问卷由三部分组成（详见附录1）。

第一部分是受访者的个人基本信息收集，主要从性别、年龄、受教育程度、职业、家庭人均月收入、婚姻状况及子女情况等方面入手。除一般社会人口学特征外，对婚姻状况及子女情况进行调查主要是为了了解不同的家庭结构在家具消费行为方面的差异性。

第二部分是家具消费行为分析，围绕问题认识、信息收集、方案评估、购买决策、购后行为五大阶段，了解家具消费者在不同的购买阶段所具有的消费特征。

第三部分是家具产品属性分析及家具店属性分析，即要求消费者对影响其消费的因素进行打分。第三部分采用李克特五级量表，其中1表示"非常不重要"、2表示"不重要"、3表示"一般"、4表示"重要"、5表示"非常重要"。

1. 调查方式

家具作为典型的耐用品，购买频率低，顾客群体相对集中。基于家具的这一特殊性，综合考虑时间、人力等各方面的因素，为了保证较高的问卷回收率和问卷填写质量，本研究采用线上与线下两种调查方式，且主要面向城市居民。线上借助于相关的人际关系网络，通过网络沟通工具将问卷星平台的地址链接发送给符合样本需求的同事、同学、朋友和亲戚等，再请他们进一步转发给符合样本需求的人，最后借助于在线调研工具对问卷数据进行保存、统计；线下采用街头拦访的方式，在实地调查的过程中对受访者进行初步筛选，确认其在近一年时间内有至少一次家具购买经历后，再发放问卷。问卷由受访者自行填写，并由调查人员当场回收。本次调查共收到电子问卷375份、纸质问卷252份，总计回收问卷627份，剔除无效问卷后，有效问卷共545份，有效回收率为87%。

2. 问卷分析方法

(1) 变量处理

问卷中关于态度属性的问题，采用李克特五级评分法，分数越高，表示该属性越重要，求各属性的平均数后，依据平均分的高低对各属性的重要程度进行排序。

(2) 检验方法

本研究主要采用描述性分析、Pearson 相关系数、主成分分析和聚类分析等方法分析问卷中的各个题项。

描述性分析：将原始资料经过分类整理后做成统计表，利用 SPSS 分析工具得到由原始数据转化成的标准化值，并将标准化值以变量的形式存入数据库，以便进一步分析。

Pearson 相关系数：通常被用来检验两种类别变量间是否有关联，以检验观察次数与期望次数两者是否有显著差异。如果有显著差异，表示两种类别变量间存在某种关系。

主成分分析（Principal Component Analysis）：利用降维的思想，对多变量数据进行压缩，提取关键变量信息，从而通过较少的综合变量反映原始的多变量海量数据信息。

聚类分析（Cluster Analysis）：又称集群分析，通过直接比较各事物之间的性质，利用一个独立变量的矩阵，将性质相近的归为一类，将性质差别较大的归入不同的类，最终实现同一类中的个体有较大的相似性，不同类中的个体差异很大。

4.2.2 家具消费行为分析

4.2.2.1 社会人口学特征分析

对回收的问卷进行数据整理后，将受访者的社会人口学特征统计结果列在表 4-4 中。统计结果显示：

① 在受访的家具消费者中女性略多，女性比例为 51.7%，男性比例为 48.3%。男性与女性的比例基本为 1∶1，这表明本研究样本选取的均衡性。而女性略多于男性，也表明现代女性在家庭决策中的重要地位。

② 受访对象以中青年为主，31—40 岁占 53.6%、41—50 岁占 12.8%，青年（21—30 岁）占 30.1%，中老年（51—60 岁和 61 岁及以上）仅占

3.5%。这一比例分布符合家具产品的购买群体分布,中年群体往往工作、收入较为稳定,是家具消费的主要群体。

③ 受访对象的受教育程度以大专/本科为主,占68.4%;其次为研究生/硕士及以上,占24.4%;高中/中专占5.7%;初中及以下最少,仅占1.5%。这反映了受访者有良好的教育背景。

④ 受访对象的职业以企业职工居多,占36.5%;其次为政府机关或事业单位员工,占29.2%;个体工商户(17.1%)、自由职业者(13.0%)、离退休人员(1.3%)及其他(2.9%)所占的比例明显偏少,显然家具消费者大多数具有稳定的工作。

⑤ 受访对象的家庭人均月收入以中高收入为主,5 001~8 000元占29.0%,8 100~10 000元占13.3%,10 000元以上占20.7%;其次是3 001~5 000元,占27.6%;1 501~3 000元和1 500元以下分别仅占7.2%和2.2%。

⑥ 受访对象的婚姻状况以已婚为主,已婚比例为75.2%,未婚比例为24.8%。这一比例分布符合调研计划,以家庭消费为主要研究对象。

⑦ 受访对象中拥有1个子女者众多,占比为56.0%;没有子女、拥有2个子女和拥有3个及以上子女的比例分别为29.7%、13.0%和1.3%。此样本符合我国当前的家庭子女状况,没有子女的比例与未婚的比例基本吻合,样本差距来自部分新婚还没有子女的家庭。

表4-4 受访者社会人口学特征($n=545$)

人口统计特征	选项	人数	百分比/%
性别	男	263	48.3
	女	282	51.7
年龄	21—30岁	164	30.1
	31—40岁	292	53.6
	41—50岁	70	12.8
	51—60岁	16	2.9
	61岁及以上	3	0.6
受教育程度	初中及以下	8	1.5
	高中/中专	31	5.7
	大专/本科	373	68.4
	研究生/硕士及以上	133	24.4

续表

人口统计特征	选项	人数	百分比/%
职业	政府机关或事业单位员工	159	29.2
	企业职工	199	36.5
	个体工商户	93	17.1
	自由职业者	71	13.0
	离退休人员	7	1.3
	其他	16	2.9
家庭人均月收入	1 500 元以下	12	2.2
	1 501～3 000 元	39	7.2
	3 001～5 000 元	150	27.6
	5 001～8 000 元	158	29.0
	8 001～10 000 元	72	13.3
	10 000 元以上	114	20.7
婚姻状况	未婚	135	24.8
	已婚	410	75.2
子女情况	没有	162	29.7
	1 个	305	56.0
	2 个	71	13.0
	3 个及以上	7	1.3

4.2.2.2 购买决策过程分析

1. 需求确认

(1) 购买动机

根据"需要-动机-行为"模式，家具购买决策的主观因素是购买动机。为了了解家具消费者的购买动机，本研究设置了7个项目，要求受访者进行多项选择。调查发现，购买家具的三大主要动机分别为新房装修、添置新家具和重新装修，三者的比例分别为69.08%、46.05%和31.58%；结婚（17.11%）、旧货翻新（11.84%）、孩子出生（8.55%）和其他目的（1.97%）等原因也进一步推动了家具市场的繁荣。可见，家具需求与装修需求的关联性较强，而添置新家具、旧货翻新等需求也表明当前人们在家具消费中的主动性日益增强，企业需要注意结婚及孩子出生等家庭变化对家具需求的影响。受访者的购买动机如图4-4所示。

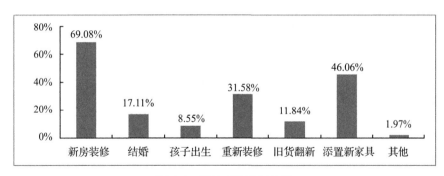

图 4-4 受访者的购买动机

本研究与潘志全（2009）、陈俊宁（2015）等的研究的比较如表 4-5 所示。虽然此问卷会受到不同的受访者、时期和地区的影响，但通过对比可以发现，当前家具的消费形态已出现转变趋势，由于经济状况的变好及人们对家居生活质量的追求，有相当比例的消费者不再等到家具损坏才更换，而是在其样式或材质不尽如人意时就进行更换，而为了提升生活品质，添置新家具的消费者比例也越来越高。

表 4-5 不同学者的研究对比

购买动机	潘志全	陈俊宁	本研究
新房装修	57.7%	15%	69.1%
结婚	17.2%	—	17.1%
孩子出生	2.9%	—	8.6%
重新装修	—	—	31.6%
旧货翻新	11.3%	31%	11.8%
添置新家具	—	35%	46.1%
分家或独立成家	5.8%	—	—
逛街时顺便看看	—	19%	—
其他	5.1%	—	2.0%

注：表中"—"表示没有此问项。

当前在家具消费中形成了两大消费群体：一是随着生活水平的提高，以家具更新为目标的消费群体；二是以改善生活为目标的消费群体。两种消费群体不同的消费需求和整体的消费结构变化也决定了市场定位和销售模式的更新。不同的消费需求的变化对于家具业者而言，有两层意义：一是未来家具的需求量势必因此有增加的趋势；二是消费者对家具的种种要求及需要亦将逐渐严苛与多样化。所以，若家具业者能够在质量、设计、工艺、功能性、艺术性等方面多下些功夫，必会与消费者形成一种良性的互动关系。在家具的选购中，存在以下趋势：在家具种类方面，现代家具更受消费者青睐；在家具材质方面，消费者倾向于实木家具；在家具档次方面，消费者倾向于中高档。而随着低碳环保观念的深入人心，以及人们对健康的追求，绿色环保型家具的需求将会大大增加，实木家具无疑将成为环保家具的首选。

（2）购买频率

作为耐用品，家具的使用期限较长。调查显示，受访者购买家具的时间间隔为4—5年的占30.23%，接着依次为10年左右的占22.67%、6—7年的占19.77%、2—3年的占14.53%、8—9年的占8.72%，1年不到就购买的仅为4.07%，这基本符合家具作为耐用品的消费特征。较低的购买频率表明消费者不会轻易更换家具，在做购买决定时会比较谨慎，因此了解影响消费者购买的属性也就尤为重要。通过对调查结果的进一步分析发现，1年、2—3年就购买的比例接近20%，这再次验证了当前家具消费观念已由对功能性的追求转为对时尚、个性化的追求，购买期限大大缩短。受访者的购买频率如图4-5所示。

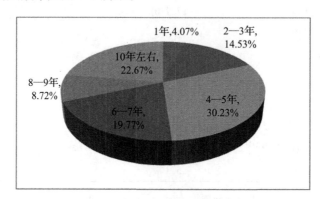

图4-5 受访者的购买频率

2. 信息收集

（1）产品信息来源

消费者的信息来源主要有四种：个人来源（家人、朋友、邻居、熟人)、商业来源(广告、推销员、经销商、包装、展览)、公关来源(大众传播媒体、消费者评审组织等)和经验来源(处理、检查和使用产品)。受访者的家具信息来源如图4-6所示。

通过对受访者获取家具产品信息途径的调查发现,排在前四位的分别是商场(59.14%)、朋友/同事介绍(53.76%)、家具店(53.41%)、网络(48.39%),远远高于家具展、电视广告、宣传手册/目录、移动客户端及报纸等宣传手段。家具是大件耐用品,人们更相信自己看到的实物,因此商场、家具店等实体商店是获取信息的重要途径。个人来源也是一个非常重要的信息来源,因为人们倾向于相信他人的使用经验,即口碑效应。如今网络作为一种重要的购买渠道,越来越受到消费者的青睐,随着家具网络购买越来越频繁,互联网已成为非常重要的家具信息来源。

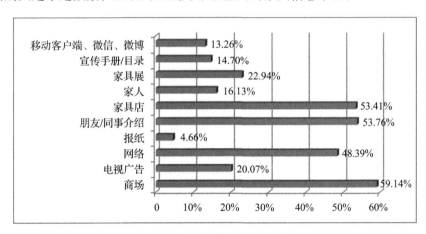

图4-6 受访者的家具信息来源

(2) 参观家具店的类型及数量

面对多种家具零售业态,受访者更倾向于去大型专卖家具商场(90.96%),其次为网上商店(51.58%),接着为一般家具零售店(38.98%),最后为顶级品牌家具独立店(25.42%)。大型专卖家具商场受青睐的主要原因在于其集聚了大量家具商店。需要注意的是,虽然实体店是当前家具购买的主要渠道,但网购也是大势所趋。受访者参观家具店的类型如图4-7所示。

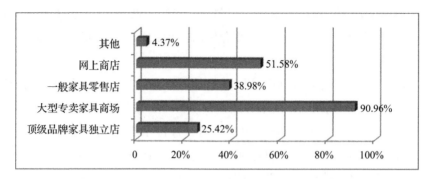

图 4-7　受访者参观家具店的类型

进一步的调查显示，在做出购买决策之前，受访者参观 3—5 家店的比例高达 67.89%，参观 6—10 家店的比例为 14.75%，参观 1—2 家或 10 家以上店的比例分别为 10.17% 和 6.78%。以上数据表明，作为耐用品的家具，其购买决策是相对复杂的，消费者往往要货比多家。受访者参观家具店的数量如图 4-8 所示。

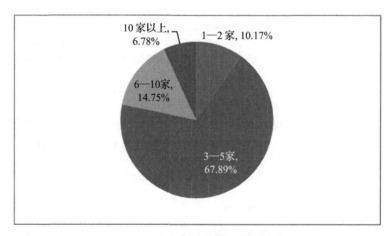

图 4-8　受访者参观家具店的数量

利用 Pearson 相关分析求人口统计变量与购买过程中参观家具店数量的相关性，在显著水平 $\alpha = 0.05$ 之下，发现年龄与参观家具店的数量有关，如表 4-6 所示。年龄与参观家具店的数量呈负相关（-0.118），即年龄越大，参观家具店的数量越少。随着年龄的增长，消费者的体力、精力都有所下降，他们不太愿意花费太多的时间和精力去参观多家门店，反观年轻人，精力充沛且具有活力，往往更愿意去参观更多的门店。

表 4-6　人口统计变量与受访者参观家具店数量的 Pearson 相关性分析

		性别	年龄	学历	职业	月收入	婚姻	子女数
参观数量	Pearson 相关性	0.105	−0.118*	−0.069	−0.022	0.080	−0.045	−0.063
	显著性(双侧)	0.081	0.049	0.252	0.715	0.182	0.452	0.295
	n	545	545	545	545	545	545	545

注：* 在 0.05 水平(双侧)上显著相关，** 在 0.01 水平(双侧)上显著相关。

(3) 参观时希望看到的标识

让消费者看到他们所希望看到的标识，能让消费者更多地了解产品信息，加深他们对产品的认识。调查显示，受访者最关心的是材质（93.99%）。除材质外，受访者对价格（88.52%）、品牌（69.40%）、功能或特点说明（57.38%）及质检证书（54.64%）也较为关注，对原产地和服务说明的关注度相对较小，分别为 42.08% 和 41.53%。总体来看，消费者对家具店的标识是比较看重的，希望能通过标识获取产品相关信息，为购买决策提供依据。受访者希望看到的家具店标识如图 4-9 所示。

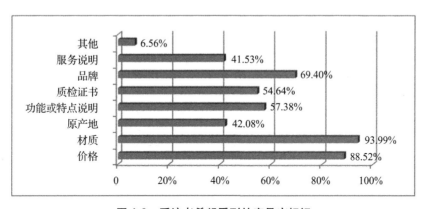

图 4-9　受访者希望看到的家具店标识

3. 方案评估

消费者对产品品质的判断大多建立在自觉和理性的基础之上。调查显示，受访者在判断家具品质优劣时，主要基于自己对家具的认识（43%）和家具品牌（28%）。受访者对家具品质评估的依据如图 4-10 所示。

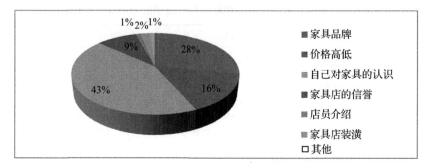

图 4-10 受访者对家具品质评估的依据

利用 Pearson 相关分析求人口统计变量与受访者对家具品质判断的相关性,在显著水平 $\alpha = 0.05$ 之下,发现年龄、学历、职业、家庭人均月收入与消费者如何判断家具品质好坏有关,如表 4-7 所示。受访者的年龄、学历和家庭人均月收入越高,对家具的用料、样式、加工的精致度就越关注;家具的标价是否合理和家具质量的好坏是其判断家具品质的主要依据;此外,家具的标识、商家的信誉、服务人员的专业知识和态度、店内货品的陈列布置等,也是其判断家具品质的依据。

表 4-7 人口统计变量与受访者对家具品质判断的 Pearson 相关性分析

		性别	年龄	学历	职业	月收入	婚姻	子女数
品质判断	Pearson 相关性	0.068	−0.161**	−0.132*	0.196**	−0.218**	−0.104	0.020
	显著性(双侧)	0.256	0.007	0.028	0.001	0.000	0.082	0.738
	n	545	545	545	545	545	545	545

注:* 在 0.05 水平(双侧)上显著相关,** 在 0.01 水平(双侧)上显著相关。

4. 购买决策

(1) 购买决策类型

调查显示,受访者更倾向于参观多家家具店后加以比较,再综合优劣做出决定(69.95%),这与前面受访者在购买前要逛多家家具店是吻合的;部分受访者是参观 1—2 家家具店后,迅速做出决定(13.66%);而选择直接购买大品牌和用过的品牌的比例相对较少,分别仅为 7.65% 和 8.74%,这表明在家具购买中消费者对品牌的忠诚度不高。受访者的家具购买决策类型如图 4-11 所示。

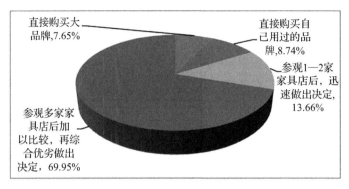

图 4-11　受访者的家具购买决策类型

利用 Pearson 相关分析求人口统计变量与受访者购买决策类型的相关性，在显著水平 $\alpha = 0.05$ 之下，发现性别、学历、职业与受访者的购买决策类型有关，如表 4-8 所示。与女性受访者相比，男性受访者更容易迅速做出决定；受访者的学历越高，越相信自己的判断，也更容易做出决定；与企业职工和个体工商户相比，政府机关或事业单位员工直接选择大品牌及自己用过的品牌的比例较高。

表 4-8　人口统计变量与受访者购买决策类型的 Pearson 相关性分析

		性别	年龄	学历	职业	月收入	婚姻	子女数
决策类型	Pearson 相关性	0.116*	0.019	−0.124*	0.178**	−0.021	0.059	−0.010
	显著性(双侧)	0.039	0.736	0.028	0.001	0.705	0.299	0.866
	n	545	545	545	545	545	545	545

注：* 在 0.05 水平（双侧）上显著相关，** 在 0.01 水平（双侧）上显著相关。

（2）决策时受谁影响

通过对受访者家具购买决策的分析发现，对其购买决策影响最大的是家人（83.06%），其次是朋友/同事（51.91%），最后是销售人员（24.01%）。调查结果进一步验证了家具消费行为是家庭成员共同参与的行为。影响受访者购买决策的群体如图 4-12 所示。

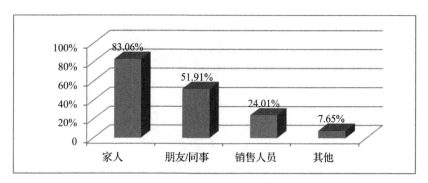

图 4-12 影响受访者购买决策的群体

5. 购后评价

(1) 购后感觉和行为

消费者在购买和使用产品后会产生某种程度的满意感或不满意感,而满意与否会影响到消费者后期的购买行为,这些购后行为值得企业营销人员的高度重视。调查显示,受访者对自己所购买的家具感到满意的比例达88.92%,仅4.43%的受访者感到不满意,还有6.65%的受访者表示对结果无所谓。在满意度基础上的进一步调查显示,80.70%感到满意的受访者选择再次购买,7.91%的受访者表示不会再次购买,11.39%的受访者表示对上次购买的家具产品没有印象。选择复购的比例略低于满意的比例,一方面表明满意度是衡量购买意向的重要指标,另一方面也验证了满意并不能保证复购行为的发生。

利用 Pearson 相关分析求受访者满意度与复购行为的相关性,在显著水平 $\alpha=0.01$ 之下,发现两者正相关,如表4-9所示。因此,家具企业要重视消费者的每一次消费体验,让这一次的满意购买促成下一次的购买行为。

表 4-9 受访者满意度与复购行为的 Pearson 相关性分析

		复购行为
	Pearson 相关性	0.287**
满意度	显著性(双侧)	0.000
	n	545

注:* 在 0.05 水平(双侧)上显著相关,** 在 0.01 水平(双侧)上显著相关。

利用 Pearson 相关分析求人口统计变量与购后满意度的相关性,在显著水平 $\alpha=0.05$ 之下,发现性别与购后的满意度有关。总体来说,女性受访者的满意度相对较高。而人口统计变量与家具复购行为的相关性不大,表明复购行为受人口统计变量的影响较小。相关分析结果如表4-10所示。

表4-10 人口统计变量与受访者满意度及复购行为的Pearson相关性分析

		性别	年龄	学历	职业	月收入	婚姻	子女数
满意度	Pearson 相关性	-0.123*	-0.004	0.029	0.000	-0.042	0.076	-0.044
	显著性(双侧)	0.029	0.947	0.612	0.997	0.462	0.179	0.434
	n	545	545	545	545	545	545	545
复购行为	Pearson 相关性	-0.074	0.017	-0.019	-0.044	0.009	-0.012	-0.001
	显著性(双侧)	0.192	0.770	0.741	0.440	0.876	0.833	0.991
	n	545	545	545	545	545	545	545

注:*在0.05水平(双侧)上显著相关,**在0.01水平(双侧)上显著相关。

(2)口碑宣传

由于消费者倾向于从认识的人那里获取信息,因此他们认为口碑往往比正规营销渠道获取的信息更可靠和可信。对于营销人员而言,口碑是一把双刃剑。消费者间的非正式讨论既可以成就也可以毁灭一个产品或一家商店。一项相关研究发现,在对公司不满意的顾客中,有90%的人拒绝再与该公司合作。不仅如此,他们平均向至少9人抱怨,其中13%的人将会继续向至少30人诉说他们的不愉快经历(Solomon,2004)。

调查显示,仅有2.53%的受访者不与他人分享自己满意或不满意的家具购买经历,超过50%的受访者在大多数情况下或总是会分享,有45%左右的受访者有时会分享,如表4-11所示。而与满意的消费经历相比,不满意的消费经历更容易被传播出去。同时,家具消费者在信息获取、产品比较及购买决策等环节最容易受到家人、朋友/同事等的影响。因此,家具企业要用贴心的服务、优质的产品让每一位消费者有满意的购买经历。

通过购后满意度调查发现,绝大多数受访者倾向于向他人诉说自己满意/不满意的家具购买经历,家具购买的口碑效应日益显著,朋友/同事推荐是获取家具信息的重要途径,因此家具企业在确保产品质量的同时,还要做好售前、售中和售后服务,加强与顾客沟通,做好顾客关系维护,树立良好口碑,培养一批忠诚顾客。

表 4-11 受访者满意/不满意经历的口碑传播（$n=545$）

	满意的经历	不满意的经历
总是	13.61%	19.30%
大多数时候	37.34%	33.23%
有时	46.52%	44.94%
从不	2.53%	2.53%

4.2.2.3 影响购买的属性重要性分析

1. 家具产品相关信息

(1) 家具类型偏好

目前家具市场上的家具类型主要有现代家具、中国传统古典家具、欧式古典家具、美式古典家具、新古典家具等。调查显示，受访者倾向于选择现代家具，占 69.65%；其次是新古典家具，占 12.44%；其他几种家具类型的占比相对较少。受访者选购家具的类型占比如图 4-13 所示。

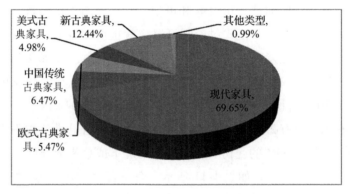

图 4-13 受访者选购家具的类型占比

(2) 家具材质偏好

现在的消费者对天然材质家具的偏好并不因材料科技的蓬勃发展而有所减弱，实木家具仍然以其优越的天然特质受到消费者的重视与偏爱。调查显示，78.61% 的受访者偏爱实木家具，11.94% 的受访者偏爱板式家具，选择软体家具、钢木家具、藤编家具等的受访者不足 10%。

利用 Pearson 相关分析求人口统计变量与受访者对家具材质偏好的相关性，在显著水平 $\alpha=0.05$ 之下，发现性别、职业、家庭人均月收入、子女数四项与受访者对家具材质的偏好有关，如表 4-12 所示。

表4-12 人口统计变量与受访者对家具材质偏好的Pearson相关性分析

		性别	年龄	学历	职业	月收入	婚姻	子女数
材质偏好	Pearson 相关性	0.121*	-0.100	-0.035	0.163**	-0.129*	-0.091	-0.120*
	显著性(双侧)	0.031	0.075	0.538	0.004	0.022	0.108	0.032
	n	545	545	545	545	545	545	545

注：* 在 0.05 水平（双侧）上显著相关，** 在 0.01 水平（双侧）上显著相关。

与女性受访者相比，男性受访者更关注家具的材质；已婚受访者大多偏爱木制及藤竹类家具，其中又以有 2 个及以上子女的家庭比例最高。究其原因，应该是出于对孩子健康、安全的考虑。在家庭人均月收入方面，调查显示，家庭人均月收入越高，偏爱木制及藤竹类家具的比例越高。

（3）家具选购价位

通过对价格的进一步分析发现，受访者整体的购买价位在中高档（61.68%），接着依次为中档（32.84%）、高档（2.99%）、中低档（2.49%）。而受访者的购买价位与材质的选择是基本吻合的。受访者选购家具的价位如图 4-14 所示。

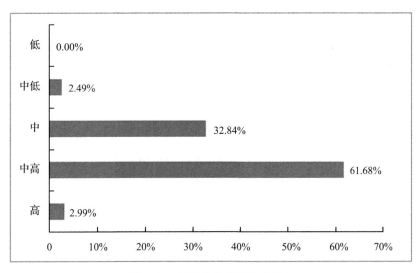

图 4-14 受访者选购家具的价位

2. 影响购买的家具产品属性重要性分析

消费者在选购产品时，往往会考虑产品的一些特性，我们将这些特性称为评价属性。本研究通过与部分家具消费者及企业销售人员的访谈，并结合文献研究，形成了包括耐用、设计、价格、质量、品牌、颜色等在内的 15 个家具产品属性。受访者按照属性的重要性给予 1—5 分的评分，1 分表示非常不重要，5 分表示非常重要。家具产品属性重要性评分如表 4-13 所示。

表 4-13　家具产品属性重要性评分（$n=545$）

排名	家具产品属性	平均数	标准差
1	质量	4.63	0.939
2	安全	4.54	0.977
3	耐用	4.46	0.981
4	适合空间的尺寸	4.43	0.968
5	材质	4.36	0.968
6	易于清洁	4.30	0.950
7	功能好坏	4.27	1.004
8	设计	4.23	1.033
9	与其他产品匹配	4.13	1.027
10	价格	4.10	1.046
11	颜色	4.01	1.063
12	以往使用经验	3.97	1.037
13	是否可以定制	3.59	1.186
14	品牌	3.47	1.196
15	原产地	3.13	1.247

利用 SPSS 高级统计方法，对影响家具购买决策的 15 个属性按重视程度进行聚类，从而将诸属性分成三个层次，如表 4-14 所示。

表 4-14　家具产品属性聚类分析（$n=545$）

家具产品属性	聚类	距离
质量	1	0.195
安全	1	0.065
耐用	1	0.025
适合空间的尺寸	1	0.015
材质	1	0.095
易于清洁	1	0.175
设计	2	0.095
功能好坏	2	0.095

续表

家具产品属性	聚类	距离
价格	2	0.065
与其他产品匹配	2	0.015
颜色	2	0.105
以往使用经验	2	0.135
是否可以定制	3	0.257
品牌	3	0.067
原产地	3	0.323

通过聚类分析发现，受访者在购买家具时，主要考虑三大类因素：第一类是质量、安全、耐用、适合空间的尺寸、材质、易于清洁，可以归纳为"家具品质"；第二类是设计、功能好坏、价格、与其他产品匹配、颜色、以往使用经验，可以归纳为"家具外观"；第三类是是否可以定制、品牌、原产地，可以归纳为"家具定制及品牌"。根据汤普森"三因素"理论，第一类为基本因素，第二类为吸引因素，第三类为满意因素。

在家具产品属性的相关分析中，品牌这个属性的情况非常特殊，大部分受访者都认为品牌家具品质较好，可是在判断家具品质好坏时，品牌又不是主要依据；大部分受访者对品牌家具没有特别偏好，但是在查看商品标识时又希望明确介绍品牌。为了解释这种矛盾，对人口统计变量与受访者对家具品牌偏好的关系进行分析，结果如表4-16所示。

表4-15 人口统计变量与受访者品牌偏好的Pearson相关性分析

		性别	年龄	学历	职业	月收入	婚姻	子女数
品牌偏好	Pearson 相关性	0.076	-0.027	0.045	-0.045	0.194**	-0.101	-0.150*
	显著性（双侧）	0.208	0.648	0.456	0.450	0.001	0.091	0.012
	n	545	545	545	545	545	545	545

注：* 在0.05水平（双侧）上显著相关，** 在0.01水平（双侧）上显著相关。

利用Pearson相关分析求人口统计变量与受访者对家具品牌偏好的相关性，在显著水平 $\alpha = 0.05$ 之下，发现家庭人均月收入、子女数两项与受访者对家具品牌的偏好有关。随着收入的提高，消费者可选购的产品范围扩大，因此他们希望收集到更多的产品信息以供自己做出选择，购买力的提高也让他们加关注品牌产品，更认可品牌是对产品品质的保证。有子女的家庭对家具的品质要求更高，而品牌是产品品质的保证，因此品牌家具更能满足其对健康、绿色、环保的追求，选购品牌家具能在一定程度上降低购买的安全风险。

3. 影响购买的家具店属性重要性分析

当前家具产品的销售模式仍然以实体零售为主，零售商店如果能了解消费者对商店形象的态度，并通过对商店形象的积极改造，使其与消费者的期待保持一致，就能有效激发消费者的购买行为。

本研究通过与部分家具消费者及企业销售人员的访谈，并结合文献研究，形成了包括商品品种、商店信誉、商品价格等在内的18个家具店属性。受访者按照属性的重要性给予1—5分的评分，1分表示非常不重要，5分表示非常重要。家具店属性重要性评分如表4-16所示。

表4-16　家具店属性重要性评分（$n=545$）

排名	家具店属性	平均数	标准差
1	商品品质	4.50	0.967
2	有无售后服务(修理、退货)	4.44	1.047
3	商店信誉	4.28	1.046
4	店员服务态度	4.23	0.969
5	送货迅速	4.18	1.020
6	商品价格	4.17	1.002
7	商品标识清楚	4.10	1.061
8	促销活动	3.89	1.024
9	提供装潢设计的协助	3.85	1.066
10	商品品种	3.84	1.093
11	以往消费经验	3.79	1.090
12	交通方便或停车便利	3.73	1.164
13	店面布置	3.56	1.123
14	是否在家具店聚集区	3.43	1.212
15	离住家或办公地点近	3.33	1.208
16	可刷卡或分期付款	3.30	1.287
17	广告力度大	3.22	1.169
18	有无进口家具商品	3.13	1.247

调查显示，18 个家具店属性平均得分为 3.83 分，最高分为 4.50 分，最低分为 3.13 分，得分表明这 18 个属性的选择较符合家具店的经营现状，可以用它们来衡量家具店在消费者心中的印象。相较于对家具产品属性的关注，对家具店属性的评价中，只有商品品质、有无售后服务（修理、退货）、商店信誉、店员服务态度、送货迅速、商品价格及商品标识清楚 7 个属性的得分在 4 分以上。在这 7 个属性中，受访者最关心的是商品品质，这与其对家具产品属性的重要性评价基本一致；有 4 个属性是关于服务的，说明服务质量成为消费者选购家具的重要考量因素；有 1 个属性是产品价格，说明价格依旧是影响消费者选购的重要因素；还有 1 个属性是商店信誉，说明消费者选购家具时较为理性，具有良好信誉的商店更受消费者的青睐。18 个属性中，得分最低的是有无进口家具商品，平均得分为 3.13 分，与家具产品属性中的原产地排名一样，这也表明消费者对是不是进口商品不太关注。需要注意的是，消费者对提供装潢设计的协助的评分为 3.85 分，表明消费者希望家具企业能够提供更周全的服务。

为了精简变数，对所得样本资料进行因子分析，选取消费者商店的因素构面，使分析结果更清晰，解释变异的程度更高。本研究利用 SPSS 软件，采用主成分分析法、最大方差法做旋转，萃取特征值大于 1 的因素。表 4-17 为家具店属性特征值大于 1 的因素。

表 4-17　家具店属性特征值大于 1 的因素

编号	特征值	方差/%	累计/%
因素 1	9.563	53.127	53.127
因素 2	2.140	11.888	65.015

经过旋转后，以因素负荷量大于 0.5 的属性为各因素命名的依据。家具店属性因子旋转成分矩阵如表 4-18 所示。

表 4-18　家具店属性因子旋转成分矩阵

家具店属性	因素 1	因素 2
商品品质	0.88	
有无售后服务（修理、退货）	0.85	
商店信誉	0.84	
店员服务态度	0.74	
商品价格	0.78	
送货迅速	0.75	
商品标识清楚	0.72	
商品品种	0.63	
促销活动		0.57
以往消费经验		0.61
提供装潢设计的协助		0.61
交通方便或停车便利		0.65
店面布置		0.73
是否在家具店聚集区		0.81
离住家或办公地点近		0.80
可刷卡或分期付款		0.66
广告力度大		0.87
有无进口家具商品		0.73

对表 4-17 中的各因素特征分析进行归纳后，可将因素 1 命名为"产品与服务"因素，因素 2 命名为"购买方便与营销"因素。家具零售企业应以此为中心，建立自身的差异化卖点，提升商店信誉，从而吸引消费者。从表 4-18 可以看到，受访者对于商品品质、有无售后服务（修理、退货）、商店信誉等属性更为关注。因此，家具企业应提高销售服务水平，用专业知识令顾客折服，同时应加强自身信誉建设，以获取消费者的信赖。

4.2.2.4　家庭购买决策

家庭购买决策可以分为丈夫主导型、妻子主导型、联合（或配合）型和个人（或自主）型。表 4-19 为家庭购买家具角色结构。

表 4-19　家庭购买家具角色结构

	配偶	自己	夫妻共同	其他
提议者	16.5%	22.9%	57.3%	3.3%
决策者	13.9%	28.8%	55.4%	1.9%

从对需求确认和购买决策两个阶段的分析来看，家庭购买家具的决策属于联合型决策，由夫妻双方共同做出购买决定。但女性参与或主导的家庭决策范围正在不断扩大。

本章小结

本章在对家具行业发展概况进行分析的基础上，对家具消费行为进行了深入分析。通过问卷调查及个别访谈，探索了消费者的家具购买决策过程、家庭决策角色，研究了影响消费者购买的家具产品属性和家具店属性。调查研究显示，家具购买动机逐渐由更新转变为改善生活，从而导致消费者在家具种类、材质、档次等方面的选择有了很大转变；在家具产品相关属性评价中，消费者更关注质量、安全和耐用等；在家具店相关属性评价中，形成了"产品与服务"和"购买方便与营销"两个因素；随着女性经济能力的提高，以及女性在家装风格、家居搭配等方面有着天生的敏感与优势，女性购买家具的能力越来越强，女性越发成为家具购买的决策者；家具购买的口碑效应日益显著，朋友/同事推荐是获取家具信息的重要途径。家具企业面对上述消费行为的改变，应该以产品和服务为核心，提升品牌口碑及服务水平，为消费者创造更多的感知价值。

参考文献

彭晓瑞,张占宽,2020. 我国家具市场现状与发展趋势分析[J]. 中国人造板,27(5):1-6.

潘志全,2009. 耐用品的家庭购买决策行为研究:以中国家庭家具购买为例[D]. 上海:复旦大学.

陈俊宁,2015. 顺德家具消费者购买行为调查报告[J]. 统计与管理(6):

21-23.

Solomon M R, 2004. Consumer behavior: buying, having, and being[M]. 6th ed. Upper Saddle River, NJ: Pearson Prentice Hall.

第五章 基于顾客感知价值的家具消费行为意向形成机理

5.1 顾客感知价值、顾客满意与行为意向研究概况

让顾客感觉到他们可以从产品消费中获得额外价值,将有助于加强顾客与企业之间的情感联结,而感觉到的价值越多,这种联结就越强。随着顾客感知价值的上升,他们对消费过程的满意度也提升,反复购买、交叉购买等忠诚行为也就更容易出现;然而,一旦顾客感知价值下降,他们就会表达不满、抱怨,甚至直接转向竞争对手。在这种情形下,顾客感知价值、顾客满意和行为意向三者之间的关系,也就成为学界和业界研究的热点。随着越来越多学者关注,研究范围不断扩大,研究成果也日益丰富。但由于学者们在理论背景、实践背景及自身观念方面存在差异,他们在构建三者关系模型假设时往往先入为主,以自己的主观认识去构建,并以此进行验证,从而得出不同的研究结论,最终形成不同的流派。其实,当前对三者关系的研究成果并无对错之分,只是研究的视角、侧重点不同,研究过程又受到不同因素的影响,研究结论有所差异也是合情合理的。事实上,如果要将一种结论上升到理论的高度,并使其在实践中具有普遍的指导意义,就必须经历不同行业、不同产品、不同情境的检验,行业的差异、产品的区别导致驱动因素千差万别,各行各业的实证检验可以更好地完善一种理论(白琳,2007)。

近年来,结构方程模型(Structural Equation Model,SEM)被广泛应用

到顾客感知价值、顾客满意及行为意向等问题的研究中。鉴于此，本章将使用 SEM 分析基于顾客感知价值的家具消费行为意向形成机制，具体研究思路为：首先，回顾顾客感知价值、顾客满意与行为意向之间关系研究的模型，形成本章的理论模型，并提出研究假设；其次，利用二手文献资料及第一手调研资料构建家具顾客感知价值、顾客满意与行为意向的测量指标体系；最后，介绍本研究所采用的实证研究方法。

5.2 顾客感知价值、顾客满意与行为意向之间关系研究的模型

随着产品同质化、竞争白热化日益加剧，企业只有受到目标顾客的青睐，才能获得源源不断的利润。而在顾客购买行为背后，究竟是哪些因素在起驱动作用，企业不得而知。企业通常会花费大量资金，运用各种市场调研手段，寻找隐藏在消费行为背后的秘密，试图解释顾客的消费行为并预测其未来的消费行为。而预测顾客未来的消费行为最有效的方法就是了解他们的行为意向，如果行为意向能够得到准确测量，那么就能以此预测大部分的社会行为。因此，对于企业而言，研究顾客的行为意向，从而推测出顾客行为就显得尤为重要，这也使行为意向及其前因研究在市场营销领域一直备受关注。

对于哪些因素会影响行为意向的形成，学者们刚开始研究的侧重点是单个因素与行为意向的关系，随着研究的不断深入，多前因研究成果越来越丰富。在顾客感知价值被引入之前，单前因研究的关注点主要集中在分别研究质量、满意与行为意向的关系上（图 5-1 中的模型 1、模型 2），而多前因研究的重点主要是质量、满意这两个因素共同对行为意向产生的影响（图 5-1 中的模型 3、模型 4）。

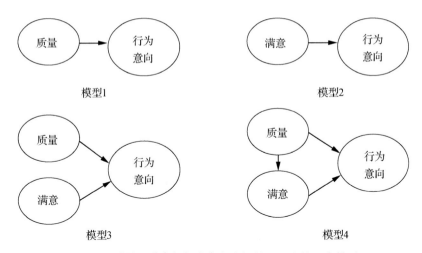

图 5-1　质量、满意与行为意向之间关系研究的四个模型

随着研究范围的不断扩大，顾客感知价值成为消费者行为意向的一个新前因，当顾客感知价值和顾客满意被置于同一个研究架构中时，"它们谁更重要的争论"引发了众多学者纷纷站队，并最终形成了"满意主导论"和"价值主导论"两种相左的观点。其实，这两种观点无对错之分，如果研究的主要目的是评估顾客满意的影响，那么模型会倾向于"满意主导"，而满意就会被设为前因变量；相反，如果研究的主要目的是评估顾客感知价值的作用，那么模型通常会形成"价值主导"，而顾客感知价值就会被设为前因变量。同时，每一种研究结论的得出都带有学者自身的研究倾向与目的，如支持"价值主导论"的很多学者在实证研究过程中往往忽视了顾客满意对行为意向的作用。

事实上，当学者们构建理论模型、提出研究假设时，就已经形成自己的研究倾向，因此这两种相左的观点并不矛盾。通过对以往学者研究的回顾，梳理出关于顾客感知价值、顾客满意与行为意向之间关系的四种主要观点，分别是价值主导模型（模型一）、满意主导模型（模型二）、间接作用模型（模型三）和价值满意综合模型（模型四），如图 5-2 所示。

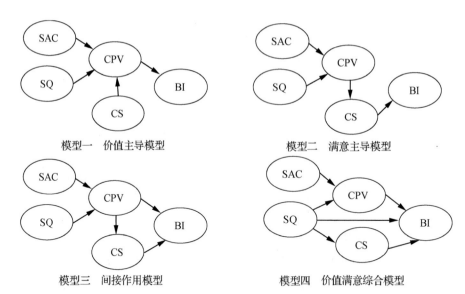

注：SAC—利失；SQ—服务质量；CPV—顾客感知价值；CS—顾客满意；BI—行为意向。

图5-2 服务质量、顾客感知价值、顾客满意与行为意向之间关系研究的四个模型

价值主导论认为，顾客感知价值对行为意向产生直接影响，是行为意向最重要的直接前因，而顾客满意会对顾客感知价值产生直接影响，并通过顾客感知价值间接影响行为意向。价值主导论得到了多数学者的验证。满意主导论认为，顾客满意对行为意向产生直接影响，是行为意向最主要而且最直接的前因，而顾客感知价值对顾客满意产生直接影响，并通过顾客满意对行为意向产生间接影响。综合上述两种观点，有学者研究发现一方面顾客感知价值和顾客满意都对行为意向产生直接影响，另一方面顾客感知价值还通过顾客满意对行为意向产生间接影响，即顾客感知价值的作用是双重的，被称为间接作用模型。另外一些学者认为除顾客感知价值和顾客满意会对行为意向产生直接影响外，服务质量也会对行为意向产生直接和间接影响，而价值满意综合模型就是将各种可能影响行为意向的因素放在同一个模型中进行研究，并检验各变量之间的统计关系。

5.3 基于顾客感知价值的家具消费行为基本驱动模型与假设

5.3.1 基于顾客感知价值的家具消费行为基本驱动模型构建

截至目前，顾客感知价值与顾客满意究竟谁是行为意向形成最主要的前因，依然没有定论，由于学者们的研究在架构定义、测量方法、研究背景及主观倾向等诸多方面存在差异，得出的研究结论截然不同，所以"它们谁更重要的争论"的破解仍有待理论和实证的进一步发展与完善。为了避免忽视顾客感知价值或顾客满意任意一方对行为意向的影响，本书参考董大海等（2003）、Ryu 等（2008）的研究，构建了顾客感知价值、顾客满意与行为意向之间关系的理论模型，如图 5-3 所示。

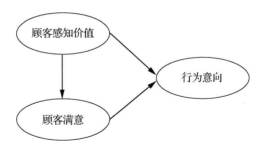

图 5-3　顾客感知价值、顾客满意与行为意向之间关系的理论模型

在该模型中，顾客感知价值的构成维度及其测量一直是研究的热点，虽然学者们在研究不同问题时采用的构成维度有所区别，但可归纳为以下几种：

① 二维论，即顾客感知价值由感知利得和感知利失两个维度构成。这一观点得到国内外学者的广泛认同。

② 二分法，即顾客感知价值由功利主义利益和享乐主义利益两个部分构成。

③ 三层面论，即顾客感知价值由产品属性层、顾客期望层和使用结果层三个层面构成。

④ 多维论，其中吉利安·斯威尼等提出的四维模型受到国内外众多学

者的推崇,即顾客感知价值由情感价值、社会价值、功能价值价格因素、功能价值质量因素四个部分构成(Sweeney et al,2001)。该模型不仅考虑了产品的质量、价格等实用利益,还考虑了顾客从产品中获取的情感、社会利益,更能全面地反映顾客感知价值,因此被广泛应用到耐用品、服务业及绿色产品等各行各业的研究中。

通过文献梳理及调研分析显示,功能、价格、服务与品牌是影响家具消费者购买行为的重要因素,因此,本研究在斯威尼等提出的四维模型基础上,增加服务价值和品牌价值两个维度。结合上文所构建的顾客感知价值、顾客满意与行为意向之间关系的理论模型,建立顾客感知价值六大维度与顾客满意及行为意向的理论模型,即构建基于顾客感知价值的家具消费行为基本驱动模型,如图5-4所示。本研究一方面希望能够验证顾客感知价值六个维度的合理性;另一方面希望通过实证检验能够让企业了解到顾客感知价值的不同维度对顾客满意及行为意向的影响,从而使企业有的放矢地从相应的维度入手实施有效的营销策略,以提升顾客满意度,增强顾客对企业和品牌的忠诚度,实现顾客的重复消费。

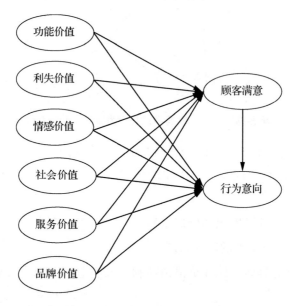

图5-4 基于顾客感知价值的家具消费行为基本驱动模型

图5-4中,功能价值,主要指功能价值质量因素,是顾客对产品功能

性、实用性等的表现所产生的感知效用;利失价值,主要指顾客在购买时所付出的货币成本和非货币成本(如时间、精力、努力等);情感价值,主要指整个购买过程和使用阶段带来的愉悦感、幸福感等情感因素效用;社会价值,主要指购买某产品或享受某服务所带来的他人的认同感、自我的成就感等效用;服务价值,主要指购买或使用过程中产品或服务关联的服务响应性、可靠性等给顾客带来的效用;品牌价值,主要指购买或使用过程中产品或服务关联的品牌认同和品牌知名度给顾客带来的效用。

5.3.2 基于顾客感知价值的家具消费行为基本驱动模型假设

5.3.2.1 顾客感知价值与顾客满意之间的关系假设

大部分研究发现,顾客感知价值对顾客满意产生积极影响,即顾客对产品价值的感知能够影响顾客的满意程度,而顾客感知价值又可以分为六个维度,这六个维度都有可能对顾客满意产生积极影响。

因此,本研究假设:

H1a:功能价值对顾客满意产生显著正向影响;

H1b:情感价值对顾客满意产生显著正向影响;

H1c:社会价值对顾客满意产生显著正向影响;

H1d:利失价值对顾客满意产生显著正向影响;

H1e:服务价值对顾客满意产生显著正向影响;

H1f:品牌价值对顾客满意产生显著正向影响。

5.3.2.2 顾客感知价值与行为意向之间的关系假设

在大量关于顾客感知价值与行为意向之间关系的研究文献中,学者们从理论和实证两个方面验证了顾客感知价值对行为意向产生直接影响(Eggert et al,2002)。

因此,本研究假设:

H2a:功能价值对行为意向产生显著正向影响;

H2b:情感价值对行为意向产生显著正向影响;

H2c:社会价值对行为意向产生显著正向影响;

H2d:利失价值对行为意向产生显著正向影响;

H2e:服务价值对行为意向产生显著正向影响;

H2f:品牌价值对行为意向产生显著正向影响。

5.3.2.3 顾客满意与行为意向之间的关系假设

顾客满意会引起后续行为,如回购和积极的口碑宣传。大多数早期研究显示,顾客满意与行为意向之间有直接关系。Cronin 等(1992)在验证服务质量、顾客满意与行为意向三者之间的关系时发现,消费者满意与否将对其行为意向产生显著影响。1987 年,美国施乐公司开展了一项有关顾客满意度的评估研究,研究结论显示,不仅满意与否和再购买意愿相关,而且满意度还会影响到再购买意愿的强度,完全满意的顾客与满意的顾客相比,再购买意愿高出 5 倍之多。从顾客的角度来讲,当再次消费时顾客希望能减少风险和不确定性,而上一次购买的经历恰好可以消除这些担忧,由于顾客可以结合自身的使用情况来评价自己的满意程度,这对顾客是否再次购买起着关键作用。

因此,本研究假设:

H3:顾客满意对行为意向产生显著正向影响。

5.3.2.4 消费者特征对家具消费行为驱动因素的影响假设

虽然在顾客消费过程中,由于消费者黑箱的存在,消费决策过程是未知的,但消费者的特征如性别、年龄、收入等对购买决策起着决定性作用。高媛等(2011)研究表明,品牌体验各维度对品牌忠诚的影响有不同,并且性别差异的调节效应显著。Evanschitzky 等(2006)研究表明,消费者特征和情境特征会对品牌忠诚产生调节作用。在对地位消费和彰显性消费的研究中,他们发现,性别差异对彰显性消费产生显著影响,女性更倾向于彰显性消费。邹德强等(2007)以笔记本电脑为研究对象,分析得出在象征性价值与品牌忠诚作用方面,女性是强于男性的。林春桃等(2013)研究表明,消费者特征(年龄、收入及饮茶年限)对乌龙茶的品牌忠诚的调节作用显著。

因此,本研究假设:

H4:消费者特征对家具消费行为驱动因素产生显著影响。

5.4 顾客感知价值、顾客满意与行为意向量表开发

5.4.1 顾客感知价值量表

本研究在对顾客感知价值相关变量的测量进行系统梳理的基础上，对已有的测量项目进行分类、提炼，再结合第四章中家具消费者行为特征调查结果，在顾客感知价值不同维度的测量中融入家具的具体特征，在构建顾客感知价值量表时参考了 Sweeney 等（2001）、成韵（2010）、郑文清（2012）等人的量表，如表 5-1 所示。在量表的设计中，最大的区别在服务价值，为了突显家具消费中服务价值的独特性，本研究对服务价值的测量指标做了一些变动，此处的服务涉及售前、售中和售后三个环节，如售前服务人员能否快速准确地提供专业化的服务，售中的服务态度好坏、周到与否，售后的配套服务是否完善，修改后的指标更符合耐用品的服务需求。

表 5-1 顾客感知价值测量项目

变量	指标	量表问题	量表来源
功能价值	功能价值 1	该家具有稳定的质量	郑文清(2012)
	功能价值 2	该家具做工精致、工艺好	
	功能价值 3	该家具能够使用很长时间	
	功能价值 4	该家具质量是值得信赖的	
	功能价值 5	该家具的使用效果良好	
情感价值	情感价值 1	该家具使我心情愉快	Sweeney et al(2001)，成韵(2010)
	情感价值 2	该家具使我有经常使用的冲动	
	情感价值 3	使用该家具时，我觉得很享受	
	情感价值 4	使用该家具后，我感觉很不错	
	情感价值 5	我能从该家具上获得幸福感	

续表

变量	指标	量表问题	量表来源
社会价值	社会价值1	该家具能使我给别人留下好的印象	Sweeney等(2001)，郑文清(2012)
	社会价值2	该家具使我在社会交往中更加自信	
	社会价值3	该家具可以使我得到社会的认同	
利失价值	利失价值1	该家具的价格合理	Sweeney等(2001)，郑文清(2012)，成韵(2010)
	利失价值2	该家具的价格与提供的功能相符	
	利失价值3	在相同价位的同类家具中，该家具质量更好	
	利失价值4	购买该家具可以帮我节约时间和精力上的成本	
服务价值	服务价值1	售前，服务人员能快速准确地提供专业化的服务（功能、材质、品牌、价格等的介绍）	成韵(2010)，汪纯孝等(2001)
	服务价值2	售中，服务态度好、热情周到	
	服务价值3	售后，送货迅速，能提供专业化的售后服务（维修、清洁、退货等）	
品牌价值	品牌价值1	在我的印象中，该家具的品牌具有广泛的影响力	成韵(2010)，Burnsed(2009)
	品牌价值2	这个品牌代表着高品质	
	品牌价值3	使用这个品牌体现出我独特的品位	
	品牌价值4	该品牌与我的个性很相称	

5.4.2 顾客满意量表

本研究在对以往认可度较高、得到验证的顾客满意量表进行梳理和归纳的基础上，结合家具产品的特点，从总体满意度、期望比较、决策明智三个方面构建本研究顾客满意测量项目，如表5-2所示。

表5-2 顾客满意测量项目

变量	指标	量表问题	量表来源
顾客满意	顾客满意1	总体而言，我对该家具感到满意	韩小芸等(2003)，Oliver(1980)
	顾客满意2	该家具达到了我对它预先的期望	
	顾客满意3	选择该家具，我觉得是非常明智的	

5.4.3 行为意向量表

作为预测消费者行为的重要指标,行为意向量表应能反映顾客未来的消费趋势。通过文献归纳与提炼,并考虑到口碑效应在家具消费中的重要性,本研究中的家具消费行为意向主要通过重复购买、口碑宣传两个维度进行测量,其中口碑宣传包括愿意在亲朋好友面前称赞和愿意向亲朋好友推荐两个方面。因此,本研究的家具消费行为意向测量项目如表5-3所示。

表5-3 行为意向测量项目

变量	指标	量表问题	量表来源
行为意向	行为意向1	我愿意在亲朋好友面前称赞该品牌的家具	王永贵等（2004）
	行为意向2	我愿意推荐亲朋好友购买该品牌的家具	
	行为意向3	我以后还会购买该品牌的家具	

5.5 基于顾客感知价值的家具消费行为实证调研方案设计

5.5.1 调查问卷设计

一份完整的调查问卷通常应包括以下四个部分:说明词、甄别问句、问卷主体和背景资料。说明词主要介绍本次调查的目的和解释调查的主要内容,打消被调查者的疑虑,同时请求和感谢被调查者的合作与支持。而甄别问句的设计主要是为了确保被调查者都有过家具的购买经历。问卷主体主要包括两个部分:一是家具顾客感知价值的测量,即请受访者根据购买经历从功能、情感、社会、利失、服务和品牌六个价值维度对所购买家具的感知价值进行打分;二是家具顾客满意度与行为意向的测量,即请受访者对所购买家具的满意情况进行评价,并在此基础上从再购意向和是否愿意推荐两个方面进行打分。背景资料包括受访者的性别、年龄、学历、职业、家庭人均月收入及住房面积。问卷主体部分的测量采用李克特五级量表,其中5分表示非常同意,4分表示同意,3分表示无所谓,2分表示不同意,1分表示非常不同意。

5.5.2 预调研

本次预调研采用实地调查和随机抽样调查相结合的方式,地点选择在淮安市锦绣国际家具城,调研时间为2016年12月。本次预调研总共发放问卷150份,由受访者当场填完并收回,总共回收问卷140份,剔除填写不完整、自相矛盾等无效问卷后,最终得到有效问卷123份,有效回收率为87.9%,满足预调研的样本需求。下面将主要采用三种方法对预调研的数据进行分析研究:首先,用修正后项总相关系数(Corrected Item-Total Correction,CITC)来对测量指标进行净化,CITC作为一个良好的指示器,可以用于判断某一条款归于特定结构变量是否具有较好的内在一致性(Cronbach,1951),CITC通常应不低于0.500(林春桃,2013);然后,用克朗巴哈系数(Cronbach's α)来对问卷信度进行检验,Cronbach's α 系数的值至少要大于0.500,最好能大于0.700(吴瑞林,2013);最后,用探索性因子分析(Expleratory Fact Analysis,EFA)来对研究中各维度划分的合理性进行检验,并最终完成问卷的修订。为了研究的便利性,在实证分析中对指标进行简化处理,如用功能价值1～功能价值5来表示功能价值的五个题项,在进行验证性因子分析(Confirmatory Factor Analysis,CFA)时,用GN1～GN5来做进一步简化,其他指标也做同样的处理,后文不再赘述。

5.5.2.1 顾客感知价值测量指标的净化

第一,使用 SPSS 19.0 统计软件对顾客感知价值指标进行 Cronbach's α 系数的信度检验和 CITC 指数的计算,结果如表5-4所示。家具消费者在功能、情感、社会、利失、服务和品牌六个维度的 Cronbach's α 系数分别为0.963、0.753、0.829、0.772、0.826、0.818,六个维度测量指标的 Cronbach's α 系数都高于0.7,表明顾客感知价值量表的可靠性较高。

表 5-4　家具顾客感知价值各维度测量的 CITC 与信度分析

维度	指标	CITC		Cronbach's α	
		初始	最后	初始	最后
功能价值	功能价值 1	0.920	0.920	0.963	0.963
	功能价值 2	0.888	0.888		
	功能价值 3	0.877	0.877		
	功能价值 4	0.904	0.904		
	功能价值 5	0.892	0.892		
情感价值	情感价值 1	0.583	0.530	0.753	0.776
	情感价值 2	0.584	0.666		
	情感价值 3	0.634	0.658		
社会价值	社会价值 1	0.720	0.720	0.829	0.829
	社会价值 2	0.701	0.701		
	社会价值 3	0.644	0.644		
利失价值	利失价值 1	0.530	0.530	0.772	0.772
	利失价值 2	0.627	0.627		
	利失价值 3	0.619	0.619		
	利失价值 4	0.543	0.543		
服务价值	服务价值 1	0.687	0.710	0.826	0.860
	服务价值 2	0.718	0.758		
	服务价值 3	0.744	0.739		
品牌价值	品牌价值 1	0.637	0.637	0.818	0.818
	品牌价值 2	0.708	0.708		
	品牌价值 3	0.598	0.598		
	品牌价值 4	0.617	0.617		

第二，利用 SPSS 19.0 统计软件进行探索性因子分析。通常会对数据进行 KMO 检验和 Bartlett 检验，KMO 检验是为了看数据是否适合进行因子分析，若 KMO 值低于 0.500，则表示不可接受（杨维中、张甜，2011）；Bartlett 检验是为了看数据是否来自服从多元正态分布的总体。本研究中的 KMO 值为 0.786，表明可以进行因子分析。Bartlett 检验的卡方值为 1 770.637，Sig 值为 0.000，小于 1%，说明数据来自正态分布总体，适合做进一步分

析。接下来采用主成分分析法，进行方差最大正交旋转，保留特征值大于1的因子，检验结果如表5-5所示。因子分析结果显示，共有6个因子的特征值大于1，并且这6个因子的累计方差解释比达到75.649%。六个维度22个指标负载到相应的因子上，因子载荷系数均在0.500以上。因子载荷情况与家具顾客感知价值的六个维度较为吻合，因此最终确定用于测量家具顾客感知价值的指标共有22个。

表5-5 家具顾客感知价值测量指标探索性因子分析结果

维度	指标	因子载荷
功能价值	功能价值1	0.954
	功能价值2	0.910
	功能价值3	0.880
	功能价值4	0.937
	功能价值5	0.942
情感价值	情感价值1	0.680
	情感价值2	0.799
	情感价值3	0.857
社会价值	社会价值1	0.757
	社会价值2	0.789
	社会价值3	0.876
利失价值	利失价值1	0.701
	利失价值2	0.670
	利失价值3	0.581
	利失价值4	0.799
服务价值	服务价值1	0.851
	服务价值2	0.836
	服务价值3	0.856
品牌价值	品牌价值1	0.782
	品牌价值2	0.864
	品牌价值3	0.668
	品牌价值4	0.749

5.5.2.2 顾客满意测量指标的净化

家具顾客满意测量指标的 Cronbach's α 系数和 CITC 指数测算结果如表 5-6 所示,其中 Cronbach's α 系数为 0.747,CITC 指数都高于 0.500 的最低标准,这表明家具顾客满意量表的可靠性较高。

表 5-6 家具顾客满意测量的 CITC 与信度分析

维度	指标	CITC		Cronbach's α	
		初始	最后	初始	最后
顾客满意	顾客满意 1	0.647	0.647		
	顾客满意 2	0.623	0.623	0.747	0.747
	顾客满意 3	0.548	0.548		

5.5.2.3 行为意向测量指标的净化

家具顾客行为意向测量指标的 Cronbach's α 系数和 CITC 指数测算结果如表 5-7 所示,其中 Cronbach's α 系数为 0.791,CITC 指数都高于 0.500 的最低标准,这表明行为意向量表的可靠性较高。

表 5-7 家具顾客行为意向测量的 CITC 与信度分析

维度	指标	CITC		Cronbach's α	
		初始	最后	初始	最后
行为意向	行为意向 1	0.583	0.583		
	行为意向 2	0.685	0.685	0.791	0.791
	行为意向 3	0.649	0.649		

5.5.3 正式调研

考虑到家具这一耐用品的特殊性,为了保证问卷的有效回收与问卷的填写质量,本研究采用线上与线下两种调查方式。线上采用便利调研方式,借助于相关的人际关系网络进行问卷的发放;线下采用街头拦访的方式,在实地调查中对受访者进行初步筛选,确认其在近一年时间内有至少一次家具购买经历后,再发放问卷。问卷由受访者自行填写,并由调查人员当场回收。

为了让受访者对此次调查的目的、内容有充分了解,调查人员向受访者做了详细说明和保密声明,从而使受访者能够无顾虑地积极填答问卷。

本次调研共收回问卷 630 份，其中线上 400 份、线下 230 份。为了确保回收数据的真实性和有效性，对回收的问卷进行了严格审查，出现以下几种情形的问卷坚决予以剔除：填写不完整，部分项目存在缺失的废卷；作答随意，填写内容自相矛盾的问卷；所有选项均相同的问卷。最终获得有效问卷 560 份，有效回收率为 89%，样本量满足本研究的需求。

为了验证线上和线下两种途径获得的量表回答的无偏性，本研究对线上回收的 375 份有效问卷与线下回收的 185 份有效问卷进行了独立样本 T 检验（Independent-Samples T Test）和单因素方差分析（One-Way Analysis of Variance），结果如表 5-8 所示。在 0.05 显著性水平下，没有发现显著差异（p 值均大于 0.05），说明线上和线下两种不同的调查方法不会造成回答的偏差，线上和线下的数据都是有效的。

表 5-8　线上调研和线下调研的回答偏差检验

变量	线上调研		线下调研		独立样本 T 检验		单因素方差分析	
	Mean	S.D	Mean	S.D	T 统计量	p 值	F 统计量	p 值
功能价值	4.17	1.011	4.10	1.128	0.545	0.586	0.298	0.586
情感价值	3.98	1.011	4.01	1.126	−0.298	0.766	0.089	0.766
社会价值	3.73	1.024	3.80	1.123	−0.582	0.561	0.339	0.561
利失价值	4.09	0.976	4.05	1.091	0.297	0.766	0.088	0.766
服务价值	4.14	0.976	4.08	1.130	0.555	0.579	0.308	0.579
品牌价值	3.89	0.999	3.92	1.111	−0.175	0.861	0.031	0.861
顾客满意	4.02	0.987	4.04	1.045	−0.144	0.885	0.021	0.885
行为意向	3.95	1.011	3.97	1.092	−0.194	0.846	0.038	0.846

5.6　实证研究方法

5.6.1　描述性统计分析

描述性统计分析通常是对统计数据的各种特征进行概括性的描述，从中可以归纳出数据的大体分布特点，还可以得到由原始数据转化成的标准化的取值。用于描述性统计分析的指标有很多,常用的有平均数、标准差、中位数、频数分布、正态或偏态程度等。

5.6.2 信度分析

信度分析主要是为了考察量表的可靠性与稳定性,即多次测量所得结果的一致性或稳定性。在量表的实际应用中,必须先对其信度进行分析,只有信度符合要求,才能确保问卷统计结果是有价值的,此时进行问卷统计结果的进一步分析才是有意义的。在李克特五级量表中,Cronbach's α 系数通常被用来检测量表的信度。一般而言,Cronbach's α 系数越大越好,若 Cronbach's α 系数大于 0.9,则表明量表的信度非常好;若 Cronbach's α 系数介于 0.8~0.9,则表明量表还可以接受;若 Cronbach's α 系数介于 0.7~0.8,则表明量表虽然有一定的价值,但是必须进行重大修订;若 Cronbach's α 系数在 0.7 以下,则表明量表不存在研究价值,应该予以放弃。Cronbach's α 系数的计算公式如下:

$$\alpha = \frac{n}{n-1}\left(1 - \frac{\sum s_i^2}{s_x^2}\right)$$

其中,α 为估计的信度,n 为题数,s_i^2 为每一题分数的变异量,s_x^2 为测验总分的变异量。

此外,本研究还用了验证性因子分析中的建构信度(Construct Reliability)来测量模型的内在质量。潜在变量的建构信度又称组合信度(Composite Reliability),在结构方程模型中,组合信度指标被用来检验潜在变量的信度质量。依据经典测验理论的观点,量表信度必须达到 0.7 才属于比较稳定的测量,在结构方程模型的测量中也多沿用这一标准。组合信度的计算公式如下:

$$\rho_c = \frac{(\sum \lambda)^2}{(\sum \lambda)^2 + \sum \theta}$$

其中,ρ_c 为组合信度,λ 为观察变量在潜在变量上的标准化参数估计值(又叫因子载荷系数或回归系数),θ 为观察变量的测量误差。

5.6.3 效度分析

一个测量结果信度系数较高的量表并不能确保量表就是某特定变量的

量表，而此时就涉及效度分析。所谓效度，是指一个概念的量表能够真正地测量这个概念的程度。根据传统的解释，效度是从量表的建构方式、量表对特定事件的预测能力及量表测试结果与其他测量结果的关系中推断出来的，因此效度基本上分为三种类型：内容效度、准则效度和建构效度。在效度分析上，学界主要采用内容效度与建构效度来对量表及各因子的组成项目进行衡量，其中建构效度主要通过收敛效度和区别效度来体现。

(1) 内容效度

内容效度是指量表涵盖研究主题的程度，反映量表内容的适当性与代表性。量表的内容是否具有效度，主要考量两个方面：一是量表是否能涵盖所有变量；二是量表能否测量想要测量的变量。

(2) 收敛效度

收敛效度分析是为了检验同一变量下不同测量题项之间的相关度，在实际的研究运用中，验证性因子分析（CFA）通常被用来检验模型的收敛效度。在进行验证性因子分析之前，通常先利用 SPSS 软件对单一潜在变量进行探索性因子分析（EFA）。而进行探索性因子分析时，通常用 KMO 指标来检验数据是否适合进行因子分析，KMO 取值范围为 0～1。其中，0.9～1 表示极好，0.8～0.9 表示可接受，0.7～0.8 表示还好，0.6～0.7 表示中等，0.5～0.6 表示糟糕，0～0.5 表示不可接受。

(3) 区别效度

对两个不同的潜在变量进行测量，若相关分析显示这两个潜在变量的相关程度很低，则表明它们具有区别效度。区别效度的检验通常用平均变异萃取量（Average Variance Extracted，AVE）指标，AVE 反映一个潜在变量能被一组观察变量有效估计的聚敛程度。AVE 的计算公式如下：

$$\rho_v = \frac{\sum \lambda^2}{\sum \lambda^2 + \sum \theta}$$

其中，ρ_v 为平均变异萃取量，λ 为观察变量在潜在变量上的标准化参数估计值（又叫因子载荷系数或回归系数），θ 为观察变量的测量误差。一般而言，ρ_v 的标准是 0.5，若 ρ_v 大于 0.5，则表明潜在变量在聚敛程度方面表现十分理想，也表明模型具有良好的内在质量。

5.6.4 结构方程模型

结构方程模型又称共变异数结构分析（Analysis of Covariance Structure），是一种运用统计学中的假设检验概念，对有关变量的内在因素结构与变量间的因素关系进行验证、分析的统计方法。它是近年来在社会科学领域的研究中发展迅速、应用广泛的一种多变量统计分析方法，并已成为一种十分重要的资料分析技巧。结构方程模型对潜在变量、测量误差和因果关系模型都具有独特的处理能力，除在心理学、教育学等领域的应用日臻成熟和完善以外，还不断地被应用到其他领域。我们常用的统计方法如回归分析、主成分分析、因子分析、路径分析等，其实多可看成是结构方程模型的特例。

一般而言，结构方程模型可以分为测量模型（Measurement Model）和结构模型（Structural Model）两个部分。测量模型是用来描述观察变量与潜在变量之间关系的模型，也称验证性因子分析模型；结构模型是用来描述潜在变量之间关系的模型。两个模型的矩阵方程如下：

（1）测量模型

$x = \Lambda_x \xi + \delta$

$y = \Lambda_y \eta + \varepsilon$

其中：x——外生指标组成的向量；

y——内生指标组成的向量；

Λ_x——外生指标与外生潜在变量之间的关系，是外生指标在外生潜在变量上的因子负荷矩阵；

Λ_y——内生指标与内生潜在变量之间的关系，是内生指标在内生潜在变量上的因子负荷矩阵；

ξ——外生潜在变量；

η——内生潜在变量；

δ——外生指标 x 的误差项；

ε——内生指标 y 的误差项。

（2）结构模型

$\eta = B\eta + \Gamma\xi + \zeta$

其中：η——内生潜在变量；

ξ——外生潜在变量；

B——内生潜在变量之间的关系；

Γ——外生潜在变量对内生潜在变量的影响；

ζ——结构方程的残差项，反映在方程中未能被解释的部分。

模型建成之后，通常要对模型进行拟合程度检验，只有通过检验的模型才能进行后续的假设验证。在实际应用中，一般采用拟合指数来衡量模型的有效性。常用的几种模型拟合指标及其判断值如表5-9所示。

表5-9 结构方程模型拟合指标及其判断值

指标名称	指标	适配标准或临界值
卡方统计量	χ^2	越小越好
卡方自由度比	χ^2/df	$1\sim5$，越小越好
近似均方根残差	RMSEA	<0.08为适配合理，<0.05为适配良好
拟合优度指数	GFI	越接近1越好，>0.90为适配理想，>0.80为可以接受
调整后拟合优度指数	AGFI	>0.80
增量拟合指数	IFI	>0.90
规范拟合指数	NFI	>0.90
比较拟合指数	CFI	>0.90

5.6.5 因子分析

因子分析是一种将多个实测变量转换为少数几个不相关的综合因子的多元统计分析方法（之所以称其为因子，是因为它是不可观测的，即不是具体的变量）。因子分析运用降维的原理，以最小的信息损失把众多的实测变量浓缩为少数几个因子。通过因子分析，大大简化了观测系统，还可以用找出的少数几个因子取代原来的变量做进一步的研究分析，如回归分析、聚类分析、判别分析等。本研究将运用探索性因子分析对初始问卷的量表进行检验，运用验证性因子分析对正式调查数据的效度进行检验。

本章小结

本章首先介绍了顾客感知价值、顾客满意与行为意向之间关系的理论模型，在此基础上，结合家具产品的特征及前人的研究成果，构建了基于顾客感知价值的家具消费行为基本驱动模型，并分别就顾客感知价值（六个维度）、顾客满意与行为意向三者之间的关系提出研究假设；其次梳理了前人关于顾客感知价值、顾客满意与行为意向测量的研究成果，在此基础上，结合家具产品特性，设计出家具顾客感知价值、顾客满意与行为意向量表，并初步设计了调查问卷，以预调研的数据为基础，运用 CITC 指数、Cronbach's α 系数及探索性因子分析来完成调查问卷的修订；最后采用线上与线下相结合的方式完成调查问卷的发放与回收整理。此外，本章还简要介绍了描述性分析、信度分析、效度分析、结构方程模型及因子分析等统计分析方法，为下一章的实证分析提供研究方法支撑。

参考文献

白琳,2007.顾客感知价值驱动因素识别与评价方法研究:以手机为例[D].南京:南京航空航天大学.

RYU K, HAN H, KIM T H, 2008. The relationships among overall quick-casual restaurant image, perceived value, customer satisfaction, and behavioral intentions[J]. International Journal of Hospitality Management, 27(3): 459 – 469.

董大海,金玉芳,2003.消费者行为倾向前因研究[J].南开管理评论,6(6):46 – 51.

SWEENEY J C, SOUTAR G N, 2001. Consumer perceived value: the development of a multiple item scale[J]. Journal of retailing, 77(2): 203 – 220.

EGGERT A, ULAGA W, 2002. Customer perceived value: a substitute for satisfaction in business markets? [J]. Journal of Business & Industrial Marketing,17(2 – 3): 107 – 118.

CRONIN J J, Jr, TAYLOR S A, 1992. Measuring service quality: a reexamination and extension[J]. Journal of marketing, 56(3): 55 – 68.

高媛,李阳,孟宪忠,等,2011.品牌体验如何影响品牌忠诚:兼论产品卷入的调解效应[J].软科学,25(7):126-130.

EVANSCHITZKY H, WUNDERLICH M, 2006. An examination of moderator effects in the four-stage loyalty model[J]. Journal of Service Research, 8(4): 330-345.

邹德强,王高,赵平,等,2007.功能性价值和象征性价值对品牌忠诚的影响:性别差异和品牌差异的调节作用[J].南开管理评论,(3):4-12.

林春桃,苏宝财,余建辉,2013.乌龙茶消费者体验对品牌忠诚的影响实证研究:以福州消费者为例[J].中国农学通报,29(23):59-64.

郑文清,2012.营销策略对品牌资产的影响机理研究:以住宅家具为例[D].南京:南京林业大学.

成韵,2010.基于顾客价值的企业市场创新研究[D].武汉:武汉理工大学.

汪纯孝,温碧燕,姜彩芬,2001.服务质量、消费价值、旅客满意感与行为意向[J].南开管理评论,(6):11-15.

BURNSED K A, 2009. Attitudes toward home furnishings case goods: an investigation of motivations and values relative to product choice[D]. Greensboro: University of North Carolina.

韩小芸,汪纯孝,2003.服务性企业顾客满意感与忠诚感关系[M].北京:清华大学出版社.

OLIVER R L,1980. A cognitive model of the antecedents and consequences of satisfaction decisions[J]. Journal of Marketing Research,17(4): 460-469.

WANG G Y, POLO H, CHI R, et al, 2004. An Integrated Framework for customer value and customer-relationship-management performance: a customer-based perspective from China [J]. Journal of Managing Service Quality,14(2/3): 169-182.

CRONBACH L J, 1951. Coefficient α and the internal structure of tests[J]. Journal of Psychometrika,16(3): 297-334.

吴瑞林,2013.基于结构方程模型的测验分析方法[M].北京:北京大学出版社.

杨维忠,张甜,2011.SPSS统计分析与行业应用案例详解[M].北京:清华大学出版社.

第六章 基于顾客感知价值的家具消费行为驱动因素实证分析

6.1 样本的社会人口学特征

本研究将线上和线下回收的问卷进行汇总,在此基础上,对数据进行分类整理,受访者的个人基本信息统计结果如表6-1所示。统计结果显示:

① 从受访者的性别来看,女性略多。其中,女性比例为50.9%,男性比例为49.1%。男性与女性的比例接近1:1,这表明本研究的样本选取具有均衡性。

② 从年龄看,受访者以中青年为主。21~30岁占44.5%,31~40岁占37.5%,41~50岁占14.8%,51~60岁占2.9%,61岁以上仅占0.3%。这一比例分布符合家具产品的购买群体分布,中青年群体往往工作、收入较为稳定,是家具消费的主要群体。

③ 从受教育程度来看,受访者的学历普遍较高。其中,大学专科比例为29.1%,大学本科比例为39.3%,研究生比例为20.8%,高中/中专比例为7.9%;初中及以下学历者最少,仅占2.9%。由于本次调查以城镇人口为主,因此受访者的受教育程度相对偏高,而良好的教育背景也有助于保证问卷的填写质量。

④ 受访者大多具有稳定的工作。其中,企业职工比例为35.2%,政府机关或事业单位员工比例为33.2%;个体工商户比例为18.2%;自由职业者及其他人员比例分别为8.0%和5.4%。

⑤ 从受访者的家庭人均月收入来看，不同收入群体所占的比例与城镇居民收入状况基本吻合。其中，3 001~5 000 元的占 30.4%，5 001~8 000 元的占 29.5%，8 001~10 000 元的占 9.5%，10 000 元以上的占 15.3%；1 501~3 000 元和 1 500 元以下的仅分别占 11.3% 和 4.1%。

⑥ 从受访者的住房面积来看，住房条件与收入水平大致相符。其中，住房面积以 101~135 平方米居多，占 42.9%，81~100 平方米的占 28.2%，135 平方米以上的占 20.0%，80 平方米及以下的占 8.9%。

表 6-1 受访者社会人口学特征（n=560）

人口统计特征	选项	人数	百分比/%
性别	男	275	49.1
	女	285	50.9
年龄	21~30 岁	249	44.5
	31~40 岁	210	37.5
	41~50 岁	83	14.8
	51~60 岁	16	2.9
	61 岁及以上	2	0.3
受教育程度	初中及以下	16	2.9
	高中/中专	44	7.9
	大学专科	163	29.1
	大学本科	220	39.3
	研究生	117	20.8
职业	政府机关或事业单位员工	186	33.2
	企业职工	197	35.2
	个体工商户	102	18.2
	自由职业者	45	8.0
	其他	30	5.4

续表

人口统计特征	选项	人数	百分比/%
家庭人均月收入	1 500 元以下	23	4.1
	1 501~3 000 元	63	11.3
	3 001~5 000 元	170	30.4
	5 001~8 000 元	165	29.5
	8 001~10 000 元	53	9.5
	10 000 元以上	86	15.4
住房面积	80 平方米及以下	50	8.9
	81~100 平方米	158	28.2
	101~135 平方米	240	42.9
	135 平方米以上	112	20.0

6.2 样本的描述性统计分析

为了了解数据的整体分布情况，本研究使用 SPSS 19.0 软件对各测量项目进行描述性统计分析，涉及的指标有最小值、最大值、均值、标准差、偏度和峰度。通过描述性统计分析，为后期对数据进行信度、效度分析及运用结构方程模型进行假设检验奠定基础。本研究测量项目的描述性统计分析结果如表 6-2 所示。

表 6-2 测量项目的描述性统计分析

研究变量	最小值	最大值	均值	标准差	偏度	峰度
功能价值1	1	5	4.26	1.044	-1.545	1.869
功能价值2	1	5	4.16	1.077	-1.342	1.194
功能价值3	1	5	4.20	1.072	-1.519	1.782
功能价值4	1	5	4.24	1.045	-1.468	1.540
功能价值5	1	5	4.18	1.087	-1.375	1.207
情感价值1	1	5	4.13	1.059	-1.248	1.036
情感价值2	1	5	3.91	1.088	-0.854	0.193
情感价值3	1	5	4.03	1.075	-1.065	0.605

续表

研究变量	最小值	最大值	均值	标准差	偏度	峰度
社会价值1	1	5	3.88	1.091	-0.659	-0.313
社会价值2	1	5	3.74	1.096	-0.473	-0.538
社会价值3	1	5	3.72	1.100	-0.424	-0.604
利失价值1	1	5	4.11	1.030	-1.087	0.610
利失价值2	1	5	4.13	1.014	-1.148	0.848
利失价值3	1	5	4.13	1.047	-1.170	0.812
利失价值4	1	5	4.08	1.050	-1.059	0.569
服务价值1	1	5	4.16	0.989	-1.149	0.839
服务价值2	1	5	4.15	1.023	-1.227	1.033
服务价值3	1	5	4.20	1.048	-1.298	1.024
品牌价值1	1	5	3.98	1.063	-0.944	0.339
品牌价值2	1	5	4.03	1.034	-0.939	0.310
品牌价值3	1	5	3.87	1.069	-0.693	-0.148
品牌价值4	1	5	3.85	1.062	-0.690	-0.142
顾客满意1	1	5	3.90	1.087	-0.738	-0.179
顾客满意2	1	5	4.11	1.033	-1.207	1.005
顾客满意3	1	5	4.03	1.014	-0.987	0.529
行为意向1	1	5	4.03	1.037	-1.085	0.780
行为意向2	1	5	3.98	1.066	-0.948	0.329
行为意向3	1	5	3.98	1.026	-0.900	0.363

描述性统计分析结果显示，从最大值、最小值来看，28个测量项目的最大值均为5，最小值均为1，这表明受访者在回答相关问题时是有一定差别的；从均值来看，28个测量项目的均值介于3.72~4.26，这表明受访者在回答相关问题时态度是较为积极的；从标准差来看，28个测量项目的标准差介于0.989~1.100，这表明受访者对问卷题项填写的波动幅度不大，数据分布较为合理；从偏度、峰度来看，28个测量项目的偏度系数的绝对值介于0.424~1.545，峰度系数的绝对值介于0.142~1.869，符合正态分布的要求。

6.3 研究变量的信度和效度分析

6.3.1 信度分析

前期通过预调研对量表进行了修正,但是随着样本容量的扩大,修正后的量表是否仍能保持可靠性和有效性,有待进一步的信度检验。本研究用 Cronbach's α 系数、CITC 指数来检验变量的信度,各变量量表信度分析结果如表 6-3 所示。检验结果显示,顾客感知价值的六个维度、顾客满意及行为意向等测量项目的 Cronbach's α 系数均在 0.900 以上,这说明量表具有非常高的信度;28 个测量指标的 CITC 指数均在 0.800 以上,这说明量表无须进一步优化。

表 6-3 正式调研各变量的 CITC 和信度检验

变量	维度	指标	CITC	Cronbach's α
顾客感知价值	功能价值	功能价值 1	0.925	0.965
		功能价值 2	0.889	
		功能价值 3	0.883	
		功能价值 4	0.909	
		功能价值 5	0.896	
	情感价值	情感价值 1	0.872	0.929
		情感价值 2	0.849	
		情感价值 3	0.844	
	社会价值	社会价值 1	0.815	0.936
		社会价值 2	0.909	
		社会价值 3	0.882	

续表

变量	维度	指标	CITC	Cronbach's α
顾客感知价值	利失价值	利失价值1	0.896	0.957
		利失价值2	0.911	
		利失价值3	0.879	
		利失价值4	0.891	
	服务价值	服务价值1	0.901	0.951
		服务价值2	0.902	
		服务价值3	0.888	
	品牌价值	品牌价值1	0.884	0.956
		品牌价值2	0.877	
		品牌价值3	0.906	
		品牌价值4	0.898	
顾客满意	顾客满意	顾客满意1	0.895	0.957
		顾客满意2	0.930	
		顾客满意3	0.903	
行为意向	行为意向	行为意向1	0.930	0.965
		行为意向2	0.928	
		行为意向3	0.917	

6.3.2 效度分析

通过前面的分析可知，本研究将主要进行内容效度和建构效度分析。在内容效度方面，本研究编制的量表中各个变量的测量指标是在参考国内外相关文献的基础上，结合多名具有家具购买经历的消费者的访谈结果，由家具市场营销专家认真审查后确定的，具有很好的内容效度。因此，接下来将主要对建构效度进行检验。建构效度通常由收敛效度和区别效度两个指标构成。收敛效度的检验通常是采用验证性因子分析（CFA）来检验同一变量不同测量项目之间的相关度，即确定指标与变量之间的结构关系，而进行验证性因子分析之前，通常应先进行探索性因子分析（EFA）。区别效度的检验通常用平均变异萃取量AVE指标。

6.3.2.1 探索性因子分析

1. 顾客感知价值的 EFA 检验

运用 KMO 和 Bartlett 检验对顾客感知价值六个维度的 22 个指标进行检测，观察是否适合做因子分析，结果如表 6-4 所示。KMO 值为 0.967，大于 0.7 的标准；Bartlett 检验的 χ^2 统计量的 p 值为 0.000，小于 0.01，表示顾客感知价值各维度适合做因子分析。

表 6-4 顾客感知价值的 **KMO** 和 **Bartlett** 检验

KMO 检验值		0.967
Bartlett 检验值	近似卡方值	10 331.072
	自由度值	253
	显著性	0.000

接下来采用方差最大化正交旋转标准化指标的载荷，抽取功能价值、情感价值、社会价值、利失价值、服务价值和品牌价值六个变量，标准化因子载荷系数如表 6-5 所示。提取的 6 个因子共解释了 78.172% 的数据信息，且各测量指标的因子载荷介于 0.511~0.825，均大于 0.5 的最低标准，可见各测量项目中的原始指标的相关性较为显著。

表 6-5 顾客感知价值正交旋转后的因子载荷矩阵

维度	指标	成分					
		1	2	3	4	5	6
功能价值	功能价值1	0.800					
	功能价值2	0.783					
	功能价值3	0.816					
	功能价值4	0.806					
	功能价值5	0.784					
情感价值	情感价值1		0.511				
	情感价值2		0.702				
	情感价值3		0.531				
社会价值	社会价值1			0.720			
	社会价值2			0.809			
	社会价值3			0.825			

续表

维度	指标	成分					
		1	2	3	4	5	6
利失价值	利失价值1				0.687		
	利失价值2				0.666		
	利失价值3				0.603		
	利失价值4				0.721		
服务价值	服务价值1					0.677	
	服务价值2					0.684	
	服务价值3					0.662	
品牌价值	品牌价值1						0.690
	品牌价值2						0.728
	品牌价值3						0.773
	品牌价值4						0.773

2. 顾客满意的 EFA 检验

运用 KMO 和 Bartlett 检验对顾客满意的 3 个指标进行检测，观察是否适合做因子分析，结果如表 6-6 所示。KMO 值为 0.768，大于 0.7 的标准；Bartlett 检验的 χ^2 统计量的 p 值为 0.000，小于 0.01，表示顾客满意各维度适合做因子分析。

表 6-6　顾客满意的 KMO 和 Bartlett 检验

	KMO 检验值	0.768
Bartlett 检验值	近似卡方值	1 140.153
	自由度值	3
	显著性	0.000

接下来采用方差最大化正交旋转标准化指标的载荷，标准化因子载荷系数如表 6-7 所示。提取的 1 个因子共解释了 92.164% 的数据信息，3 个测量指标的因子载荷均在 0.9 以上，可见各测量项目中的原始指标的相关性较为显著。

表6-7 顾客满意正交旋转后的因子载荷矩阵

维度	指标	成分 1
顾客满意	顾客满意1	0.953
	顾客满意2	0.970
	顾客满意3	0.957

3. 行为意向的 EFA 检验

运用 KMO 和 Bartlett 检验对行为意向的 3 个指标进行检测,观察是否适合做因子分析,结果如表 6-8 所示。KMO 值为 0.782,大于 0.7 的标准;Bartlett 检验的 χ^2 统计量的 p 值为 0.000,小于 0.01,表示行为意向各维度适合做因子分析。

表6-8 行为意向的 KMO 和 Bartlett 检验

KMO 检验值		0.782
Bartlett 检验值	近似卡方值	1 241.589
	自由度值	3
	显著性	0.000

接下来采用方差最大化正交旋转标准化指标的载荷,标准化因子载荷系数如表 6-9 所示。提取的 1 个因子共解释了 92.164% 的数据信息,3 个测量指标的因子载荷均在 0.9 以上,可见各测量项目中的原始指标的相关性较为显著。

表6-9 行为意向正交旋转后的因子载荷矩阵

维度	指标	成分 1
行为意向	行为意向1	0.969
	行为意向2	0.968
	行为意向3	0.963

6.3.2.2 验证性因子分析

1. 顾客感知价值的 CFA 检验

顾客感知价值的 CFA 模型如图 6-1 所示。

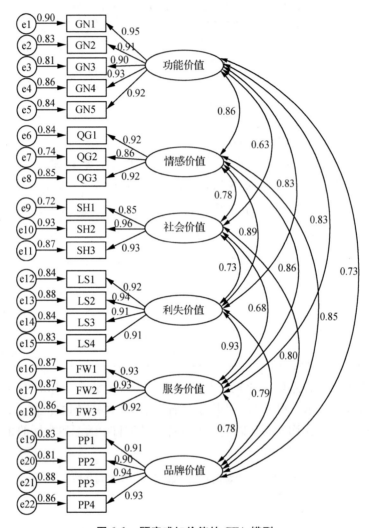

图 6-1　顾客感知价值的 CFA 模型

从图 6-1 可以计算出，在拟合指标上，$\chi^2/df = 2.630$，符合小于 5 的标准；RMSEA = 0.041，符合小于 0.05 的标准；GFI = 0.875，略小于 0.90 的标准（一般认为 GFI 大于 0.90 表示适配理想，大于 0.80 表示可以接受）；AGFI = 0.837，NFI = 0.964，CFI = 0.969，TLI = 0.958，均符合评价标准。在顾客感知价值 CFA 模型的基础上，进行验证性因子分析，标准化因子载荷系数、平均变异萃取量及建构信度计算结果如表 6-10 所示。

表6-10 顾客感知价值验证性因子分析

维度	指标	标准化因子载荷系数	平均变异萃取量	建构信度
功能价值	功能价值1	0.949	0.847	0.965
	功能价值2	0.911		
	功能价值3	0.898		
	功能价值4	0.927		
	功能价值5	0.917		
情感价值	情感价值1	0.916	0.811	0.928
	情感价值2	0.863		
	情感价值3	0.923		
社会价值	社会价值1	0.850	0.839	0.940
	社会价值2	0.962		
	社会价值3	0.931		
利失价值	利失价值1	0.919	0.847	0.957
	利失价值2	0.939		
	利失价值3	0.915		
	利失价值4	0.909		
服务价值	服务价值1	0.934	0.867	0.952
	服务价值2	0.935		
	服务价值3	0.925		
品牌价值	品牌价值1	0.911	0.845	0.956
	品牌价值2	0.900		
	品牌价值3	0.936		
	品牌价值4	0.928		

从表6-10可以看出，测量指标的标准化因子载荷系数均在0.8以上，说明结果非常理想。同时，顾客感知价值六个维度的建构信度均在0.9以上，且平均变异萃取量均在0.8以上，说明顾客感知价值变量的测量具有较好的收敛效度。

2. 顾客满意和行为意向的CFA检验

本研究中同时考虑了顾客感知价值、顾客满意及行为意向三者之间的关系，同时顾客满意和行为意向这两个变量都反映了家具消费者的消费态度和行为，所以将这两个变量作为一个大类进行验证性因子分析，它们的

CFA 模型如图 6-2 所示。

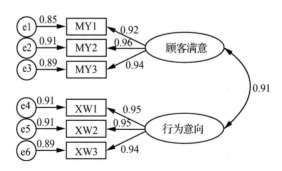

图 6-2 顾客满意和行为意向的 CFA 模型

从图 6-2 可以计算出，在拟合指标上，$\chi^2/df = 4.801$，符合小于 5 的标准；RMSEA = 0.013，符合小于 0.05 的标准；GFI = 0.965，AGFI = 0.908，NFI = 0.987，CFI = 0.990，均符合评价标准。在顾客满意和行为意向 CFA 模型的基础上，进行验证性因子分析，标准化因子载荷系数、平均变异萃取量及建构信度计算结果如表 6-11 所示。

表 6-11 顾客满意和行为意向验证性因子分析

维度	指标	标准化因子载荷系数	平均变异萃取量	建构信度
顾客满意	顾客满意 1	0.921	0.884	0.958
	顾客满意 2	0.956		
	顾客满意 3	0.943		
行为意向	行为意向 1	0.953	0.903	0.965
	行为意向 2	0.952		
	行为意向 3	0.945		

从表 6-11 可以看出，测量指标的标准化因子载荷系数均在 0.9 以上，说明结果非常理想。同时，顾客满意和行为意向的建构信度均在 0.9 以上，且平均变异萃取量均在 0.8 以上，说明顾客满意和行为意向变量的测量具有较好的收敛效度。

6.3.2.3 区别效度检验

通常采用平均变异萃取量指标来衡量量表的区别效度。也就是说，在区别效度的检验方面，判断准则为每个潜在变量的平均变异萃取量平方根是否大于各潜在变量的相关系数（吴明隆，2010），分析结果如表 6-12 所示。本研究中的 8 个变量对角线上的平均变异萃取量的平方根均在 0.9 以上，远大于 0.5 的标准，且均大于对角线左下角的相关系数，即本研究模型中每个潜在变量的 ρ_v 值均大于该潜在变量与其他潜在变量的相关系数，这表明本研究使用的量表具有较好的区别效度。

表 6-12 相关系数矩阵与平均变异萃取量的平方根

指标	功能价值	情感价值	社会价值	利失价值	服务价值	品牌价值	顾客满意	行为意向
功能价值	0.921							
情感价值	0.706**	0.901						
社会价值	0.529**	0.652**	0.916					
利失价值	0.700**	0.737**	0.611**	0.921				
服务价值	0.692**	0.502**	0.571**	0.657**	0.931			
品牌价值	0.610**	0.702**	0.672**	0.663**	0.652**	0.919		
顾客满意	0.405**	0.569**	0.600**	0.560**	0.422**	0.737**	0.940	
行为意向	0.662**	0.728**	0.644**	0.630**	0.698**	0.752**	0.779**	0.950

注 1：对角线上的数值为潜在变量平均变异萃取量的平方根，该值应大于非对角线上的数值。

注 2：** 表示在显著性水平 $\alpha = 0.01$ 时，变量间的相关系数达到显著性水平。

6.4 拟合优度检验与路径分析

6.4.1 结构方程模型分析

6.4.1.1 整体结构模型评价

本研究将功能价值、情感价值、社会价值、利失价值、服务价值和品牌价值作为外生潜在变量，将顾客满意、行为意向作为内生潜在变量，利用 AMOS 17.0 软件以最大似然估计来分析潜在变量之间的内在关系。结构方程模型拟合指标的计算结果如表 6-13 所示。在参考多位学者的拟合优度评价指标选取范围后，本研究采用卡方自由比（χ^2/df）、拟合优度指数（GFI）、调整后拟合优度指数（AGFI）、增量拟合指数（IFI）、比较拟合指数(CFI)、非规范拟合指数(TLI)和近似误差的均方根(RMSEA)7个指标来评价研究模型的整体拟合优度。在拟合指标上,$\chi^2/df = 2.701$,符合小于 5 的标准;RMSEA = 0.041,符合小于 0.05 的标准;GFI = 0.841,略小于 0.90 的标准;AGFI = 0.804,IFI = 0.961,CFI = 0.961,TLI = 0.955,均符合评价标准。

表6-13 结构方程模型的拟合优度检验

指标	χ^2/df	GFI	AGFI	IFI	CFI	TLI	RMSEA
数值	2.701	0.841	0.804	0.961	0.961	0.955	0.041

尽管模型整体符合评价标准,但通过查看修正指标可知,模型仍有进一步修正的可能。根据 AMOS 提供的修正建议,可以参考模型修正指标(Modification Index,MI)对模型进行调整。通过观察 MI 发现,观察变量的残差 e21 与 e22、e19 与 e20 分别有关联,且它们均属于品牌价值维度,而两两之间具有一定的关联性是符合常理的,因此,根据建议对初始设定模型进行修正,得到修正后模型的拟合指数,如表6-14 所示。修正结果显示,$\chi^2/df = 2.381$,低于初始设定模型,且 GFI = 0.864,更加接近 0.90 的标准。AGFI = 0.828,IFI = 0.969,CFI = 0.969,TLI = 0.963,RMSEA = 0.034,均有一定的改善,可见修正后的模型更为理想。

表6-14 修正后模型的拟合优度检验

指标	χ^2/df	GFI	AGFI	IFI	CFI	TLI	RMSEA
数值	2.381	0.864	0.828	0.969	0.969	0.963	0.034

6.4.1.2 竞争模型对比分析

第五章介绍了顾客感知价值、顾客满意与行为意向之间关系的四种研究模型,分别是价值主导模型(模型一)、满意主导模型(模型二)、间接作用模型(模型三)和价值满意综合模型(模型四)。本研究采用间接作用模型,现将其他三种模型也引入本研究中,以判断哪一种模型是最合理的。本研究分别对价值主导模型、满意主导模型、价值满意综合模型进行了结构方程模型拟合,并将拟合结果与修正的间接作用模型的拟合结果进行比较,对比结果如表6-15 所示。从表6-15 可以看出,模型一、模型二和模型四的拟合指数表现均不如模型三,即本研究所采用的间接作用模型是最好的。这也证明，对于行为意向而言，顾客感知价值与顾客满意均是重要的直接前因，同时顾客感知价值还间接通过顾客满意作用于行为意向，因此顾客感知价值的影响是双重的。

表6-15 四种模型的拟合指数

模型	χ^2/df	GFI	AGFI	IFI	CFI	TLI	RMSEA
模型一	3.127	0.809	0.771	0.949	0.949	0.943	0.048
模型二	2.587	0.849	0.809	0.964	0.964	0.958	0.036
模型三	2.381	0.864	0.828	0.969	0.969	0.963	0.034
模型四	4.335	0.828	0.785	0.924	0.923	0.911	0.335

6.4.1.3 路径系数分析

利用AMOS 17.0软件对基本驱动模型进行路径分析，结果如表6-16所示。分析结果显示，概念模型中假设H1a、H1b、H1d、H1e、H1f、H2c、H2f、H3得到支持或弱支持，假设（H1c、H2a、H2b、H2d、H2e）被拒绝。

表6-16 基本驱动模型中路径关系的研究假设检验结果

原有假设	模型路径	路径系数	t值	结论
H1a	功能价值→顾客满意	0.108*	2.474	支持
H1b	情感价值→顾客满意	0.348***	4.757	支持
H1c	社会价值→顾客满意	0.057	1.120	拒绝
H1d	利失价值→顾客满意	0.236***	3.843	支持
H1e	服务价值→顾客满意	0.100**	2.616	支持
H1f	品牌价值→顾客满意	0.325***	5.746	支持
H2a	功能价值→行为意向	0.025	0.456	拒绝
H2b	情感价值→行为意向	0.027	0.260	拒绝
H2c	社会价值→行为意向	0.154	1.997	弱支持
H2d	利失价值→行为意向	0.062	1.274	拒绝
H2e	服务价值→行为意向	0.023	0.331	拒绝
H2f	品牌价值→行为意向	0.396***	5.130	支持
H3	顾客满意→行为意向	0.411***	3.921	支持

注：*** 表示 $p<0.001$，** 表示 $p<0.01$，* 表示 $p<0.05$。

模型的具体路径关系如图6-3所示。

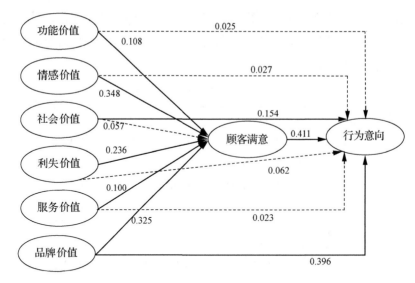

注：图中实线表示假设得到支持或弱支持的路径，虚线表示假设没有被支持的路径。

图6-3　顾客感知价值、顾客满意、行为意向模型的具体路径关系

6.4.1.4　直接效应、间接效应和总效应分析

模型是否合理，不仅取决于模型与样本资料的适配程度，还取决于所有的参数估计是否都能得到合理的解释，是否在合理的取值范围内，特别是整体模型应能从理论上加以合理解释。通常，在结构方程模型中，影响效应可以分为两种：直接效应和间接效应。直接效应是指一个潜在变量对另一个潜在变量产生直接影响；间接效应是指一个潜在变量透过一个或多个中介变量对另一个潜在变量产生影响。总效应等于直接效应与间接效应之和。根据图6-3确定的路径关系，本研究相关变量间的影响效应如表6-17所示。

表6-17　顾客感知价值、顾客满意与行为意向间的影响效应

模型路径	直接效应	间接效应	总效应
功能价值→顾客满意	0.108	—	0.108
情感价值→顾客满意	0.348	—	0.348
社会价值→顾客满意	—	—	—
利失价值→顾客满意	0.236	—	0.236
服务价值→顾客满意	0.100	—	0.100
品牌价值→顾客满意	0.325	—	0.325

续表

模型路径	直接效应	间接效应	总效应
顾客满意→行为意向	0.411	—	0.411
功能价值→行为意向	—	0.044	0.044
情感价值→行为意向	—	0.143	0.143
社会价值→行为意向	0.154	—	0.154
利失价值→行为意向	—	0.097	0.097
服务价值→行为意向	—	0.041	0.041
品牌价值→行为意向	0.396	0.134	0.530

注："—"表示无效果。

6.4.2 结构方程模型分析结果

6.4.2.1 顾客感知价值对顾客满意有重要而积极的影响

从上文的研究可知，模型假设 H1a、H1b、H1d、H1e、H1f 成立。功能价值、情感价值、利失价值、服务价值和品牌价值对顾客满意的路径系数为 0.108、0.348、0.236、0.100 和 0.325，它们对顾客满意具有显著正向影响，但是影响程度有区别，情感价值最高，品牌价值紧随其后，然后是利失价值，最后是功能价值和服务价值。虽然功能价值和服务价值的影响程度相对较低，但这并不代表家具消费者对家具品质、功能及服务不重视，恰恰这两个因素是影响消费者选购家具的重要因素，运用"三因素"理论分析得知，功能与服务是基本因素，而不是满意因素，也就是说，如果产品功能与服务不好，会引起消费者的极大不满，但是它们的好并不能带来太多消费者满意度的提升。除传统的功能价值和服务价值外，家具企业应该意识到对于当前的家具消费者来说，产品使用过程中的愉悦享受、品牌所带来的品质保证及较高的性价比更能提升其满意度，而社会价值对顾客满意的影响并不十分显著。

6.4.2.2 顾客满意对行为意向有重要而积极的影响

从上文的研究可知，模型假设 H3 成立，顾客满意对行为意向的路径系数为 0.411，顾客满意对行为意向产生显著正向影响。这也表明在家具购买中，提升消费者的满意度对于促使其再次购买具有重要意义。

6.4.2.3 顾客感知价值部分维度对行为意向的影响不显著

从上文的研究可知,模型假设 H2a、H2b、H2d、H2e 均被拒绝,表明在家具购买中,顾客在功能、情感、利失及服务等方面的价值感知并不能导致购买意向的出现。但是,模型假设 H2c 和 H2f 被支持,这表明社会价值和品牌价值对行为意向产生显著正向影响,也表明在家具购买过程中,人们更容易受到品牌的影响,更加追求家具所具有的对身份地位的彰显功能。

6.4.2.4 顾客感知价值透过顾客满意对行为意向产生间接影响

通过模型路径系数分析可知,顾客感知价值的功能价值、情感价值、利失价值及服务价值没有对行为意向产生显著正向影响,但是顾客感知价值的这四个维度透过顾客满意对行为意向产生间接影响,其中功能价值的间接效应为 0.044、情感价值的间接效应为 0.143、利失价值的间接效应为 0.097、服务价值的间接效应为 0.041。而品牌价值对行为意向不仅有直接效应,还有间接效应,总效应达到 0.530。这也表明只有消费者感受到价值后,才会产生满意,进而形成再次购买的意向。在家具顾客感知价值中,品牌价值与情感价值的间接效应最大,因此家具企业应该着重提升品牌形象、赋予产品情感元素,让消费者在使用中感受到舒适与享受。

6.5 控制变量的影响

本研究将性别、年龄、受教育程度、职业、家庭人均月收入和住房面积等人口统计特征变量作为控制变量,运用方差分析检验这些控制变量对顾客感知价值、顾客满意及行为意向等潜在变量是否产生显著影响。利用 SPSS 19.0 软件以单因素方差分析来检验在不同人口统计特征因素之下潜在变量是否存在显著差异(郑文清,2012)。检验结果如表 6-18 所示。

第六章 基于顾客感知价值的家具消费行为驱动因素实证分析

表6-18 人口统计特征变量对顾客感知价值、顾客满意及行为意向影响的方差分析

维度	性别		年龄		受教育程度		家庭人均月收入		职业		住房面积	
	F	Sig.	F	Sig.	F	Sig.	F	Sig.	F	Sig.	F	Sig.
功能价值	0.242	0.623	1.684	0.124	0.920	0.453	1.335	0.249	1.331	0.258	1.080	0.358
情感价值	0.308	0.579	1.077	0.376	1.729	0.143	1.570	0.168	1.752	0.138	0.672	0.570
社会价值	0.798	0.372	0.426	0.862	2.215	0.067	0.954	0.446	1.595	0.175	1.488	0.218
利失价值	1.568	0.211	1.246	0.282	1.794	0.129	2.054	0.071	2.316	0.057	0.863	0.460
服务价值	0.031*	1.783	0.770	0.594	2.687	0.797	0.373	1.116	2.630	0.034	0.638	0.591
品牌价值	0.005	0.943	0.844	0.537	2.063	0.085	2.024	0.075	1.283	0.276	0.243	0.886
顾客满意	0.012*	2.651	1.359	0.231	3.252	0.025	0.033*	1.577	1.577	0.166	0.183	0.908
行为意向	0.778	0.378	1.211	0.300	2.224	0.066	0.031*	2.696	1.957	0.085	0.656	0.580

注：* 表示 $p < 0.05$。

实证研究结果表明，在家具消费者的人口统计特征变量中，受教育程度、职业、住房面积等对顾客感知价值各维度的影响关系不显著，但是性别、年龄以及收入的差异对顾客感知价值的相关维度产生显著影响，同时对顾客满意和行为意向也产生一定的显著影响。这也验证了模型假设 H4 的成立，即消费者特征对家具消费行为驱动因素产生显著影响，但需要强调的是，并非所有人口统计特征均有显著影响。为了进一步分析性别、年龄及收入对家具消费行为驱动因素的影响效果，下一章将对人口统计特征对家具消费行为驱动因素的影响进行具体分析。

本章小结

本章主要介绍了以下内容：

第一，从消费者的性别、年龄、受教育程度、职业、家庭人均月收入、住宅面积等多方面对调查样本进行描述性统计分析，并对顾客感知价值的六个维度、顾客满意及行为意向的基本数据特征进行描述性统计分析。

第二，运用 Cronbach's α 系数、CITC 指数、CFA 模型分别对顾客感知价值、顾客满意及行为意向研究模型中的 8 个变量的信度和效度进行检验。检验结果表明，本研究的变量具备良好的信度，且研究模型的内在质量

良好。

第三,对顾客感知价值、顾客满意及行为意向的研究模型进行拟合优度与假设检验。模型检验结果表明:一是在顾客感知价值各维度对顾客满意的影响中,情感价值对于顾客满意的影响最大,品牌价值的影响次之,利失价值的影响排在第三,功能价值和服务价值的影响最小;二是对于家具消费而言,品牌价值、社会价值和顾客满意是影响家具消费行为意向的、主要的直接前因,而顾客感知价值的其他维度对家具消费行为意向的影响不显著。究其原因,应该是家具的耐用特性造成的,由于家具的购买金额较大,消费者做出购买决策较为谨慎,品牌的价值保障、社会地位的彰显与使用后感到满意更能激发消费者未来的再购行为及口碑宣传。

第四,对顾客感知价值、顾客满意与行为意向进行直接效应、间接效应和总效应分析。分析结果表明:一是顾客感知价值的功能价值、情感价值、利失价值、服务价值和品牌价值五个维度对顾客满意产生直接影响;二是顾客满意对家具消费行为意向产生直接影响;三是顾客感知价值的功能价值、情感价值、利失价值和服务价值四个维度透过顾客满意对家具消费行为意向产生间接影响,而社会价值对家具消费行为意向产生直接影响;四是顾客感知价值的品牌价值既对家具消费行为意向产生直接影响,也透过顾客满意对家具消费行为意向产生间接影响。

第五,对人口统计特征对顾客感知价值、顾客满意及行为意向的影响做了分析。虽然从总体来说,部分人口统计特征变量对三者的影响并不十分显著,但是从中可以发现,性别、年龄及家庭人均月收入会对顾客感知价值的相关维度及顾客满意、行为意向产生影响。而在家具的生产、销售中,以性别、年龄和家庭收入等人口统计特征为细分标准进行市场细分,可以满足不同细分市场顾客的差异性需求,从而使家具企业能够为顾客提供更有针对性的产品与服务。

参考文献

吴明隆,2010.问卷统计分析实务:SPSS操作与应用[M].重庆:重庆大学出版社.

郑文清,2012.营销策略对品牌资产的影响机理研究:以住宅家具为例[D].南京:南京林业大学.

第七章

消费者特征对家具消费行为驱动因素的影响

7.1 消费者性别特征对家具消费行为驱动因素的影响

在与家具销售人员及消费者的访谈中发现,在家具消费中,男性和女性顾客对家具的消费行为有显著差异:女性顾客往往更关心家具的颜色和样式,注重情感体验;而男性顾客往往更关心家具的价格和质量,追求功能价值和利失价值。在营销学的研究中,性别往往被当作重要的调节变量。例如,在顾客满意与行为意向的研究中,与女性顾客相比,男性顾客更容易受到满意的影响而产生复购行为(Mittal et al, 2001)。

7.1.1 消费者性别特征子样本的数据描述

本研究将正式调研得到的560份有效样本按照性别的不同分成男性和女性两个子样本,同时使用SPSS 19.0软件对两个子样本进行描述性统计分析,涉及的指标有均值、标准差、偏度和峰度,具体计算结果如表7-1所示。从均值来看,两个子样本的均值介于3.63~4.22,这表明不同性别的受访者在回答相关问题时态度均是较为积极的;从标准差来看,两个子样本的标准差介于0.983~1.159,这表明不同性别的受访者对问卷题项填写的波动幅度均不大,数据分布均较为合理;从偏度、峰度来看,两个子样本的偏度系数的绝对值介于0.393~1.556,峰度系数的绝对值介于0.003~1.971,均符合正态分布的要求。

表 7-1　消费者性别特征子样本的数据描述

指标	男性样本				女性样本			
	均值	标准差	偏度	峰度	均值	标准差	偏度	峰度
功能价值 1	4.22	1.081	-1.374	1.136	4.21	1.090	-1.535	1.762
功能价值 2	4.14	1.094	-1.265	0.823	4.06	1.138	-1.166	0.591
功能价值 3	4.18	1.069	-1.556	1.971	4.15	1.111	-1.372	1.212
功能价值 4	4.18	1.111	-1.320	0.848	4.18	1.091	-1.424	1.402
功能价值 5	4.10	1.105	-1.154	0.519	4.15	1.134	-1.399	1.190
情感价值 1	4.09	1.058	-1.168	0.829	4.10	1.102	-1.226	0.870
情感价值 2	3.91	1.109	-0.904	0.243	3.86	1.127	-0.805	-0.007
情感价值 3	3.97	1.131	-0.977	0.152	4.00	1.095	-1.029	0.508
社会价值 1	3.94	1.070	-0.755	-0.145	3.80	1.129	-0.646	-0.293
社会价值 2	3.78	1.085	-0.563	-0.461	3.66	1.122	-0.393	-0.582
社会价值 3	3.79	1.051	-0.496	-0.511	3.63	1.159	-0.421	-0.581
利失价值 1	4.03	1.106	-0.971	0.155	4.11	1.035	-1.118	0.638
利失价值 2	4.09	1.019	-1.169	0.943	4.09	1.066	-1.161	0.805
利失价值 3	4.07	1.054	-1.055	0.474	4.11	1.087	-1.215	0.864
利失价值 4	3.97	1.112	-0.938	0.182	4.11	1.037	-1.100	0.670
服务价值 1	4.12	0.989	-1.017	0.393	4.13	1.052	-1.254	1.019
服务价值 2	4.10	1.080	-1.124	0.592	4.12	1.058	-1.246	1.048
服务价值 3	4.14	1.043	-1.090	0.415	4.16	1.121	-1.377	1.160
品牌价值 1	3.98	1.085	-0.997	0.325	3.90	1.088	-0.804	0.012
品牌价值 2	3.97	1.091	-0.889	0.100	3.98	1.060	-0.932	0.310
品牌价值 3	3.84	1.080	-0.802	0.121	3.83	1.114	-0.658	-0.325
品牌价值 4	3.93	1.048	-0.691	-0.271	3.82	1.150	-0.758	-0.150
顾客满意 1	4.09	1.043	-1.126	0.693	4.07	1.048	-1.161	0.842
顾客满意 2	4.01	0.983	-0.856	0.160	4.00	1.058	-0.983	0.497
顾客满意 3	4.04	0.996	-1.004	0.569	3.97	1.083	-0.978	0.410
行为意向 1	3.95	1.099	-0.858	0.003	3.95	1.076	-0.916	0.264
行为意向 2	3.93	1.057	-0.832	0.058	3.97	1.042	-0.892	0.345
行为意向 3	3.97	1.084	-0.809	-0.132	3.98	1.048	-0.944	0.401

7.1.2 消费者性别特征子样本中研究变量的信度和效度检验

由于样本数量发生变化,为了确保数据的真实有效,需要对不同性别的两个子样本的信度和效度分别做检验。具体的检验方法与前文相同,此处不再赘述。

7.1.2.1 两个子样本中研究变量的信度检验

男性样本和女性样本的信度检验如表 7-2 所示。检验结果显示,两个子样本的顾客感知价值的六个维度、顾客满意及行为意向等测量项目的 Cronbach's α 系数均在 0.900 以上,说明量表具有非常高的信度;两个子样本的 28 个测量项目的 CITC 指数均在 0.700 以上,说明量表无须进一步优化。

表 7-2 消费者性别特征子样本中研究变量的 CITC 和信度检验

指标	男性样本		女性样本	
	CITC	Cronbach's α	CITC	Cronbach's α
功能价值 1	0.906		0.936	
功能价值 2	0.878		0.902	
功能价值 3	0.855	0.959	0.909	0.972
功能价值 4	0.879		0.941	
功能价值 5	0.901		0.902	
情感价值 1	0.836		0.875	
情感价值 2	0.842	0.922	0.855	0.941
情感价值 3	0.848		0.901	
社会价值 1	0.838		0.791	
社会价值 2	0.894	0.938	0.916	0.932
社会价值 3	0.882		0.879	
利失价值 1	0.883		0.916	
利失价值 2	0.890		0.931	
利失价值 3	0.878	0.951	0.890	0.964
利失价值 4	0.874		0.911	

续表

指标	男性样本		女性样本	
	CITC	Cronbach's α	CITC	Cronbach's α
服务价值1	0.877		0.912	
服务价值2	0.884	0.946	0.910	0.954
服务价值3	0.902		0.888	
品牌价值1	0.888		0.890	
品牌价值2	0.891		0.866	
品牌价值3	0.921	0.959	0.897	0.952
品牌价值4	0.896		0.880	
顾客满意1	0.902		0.902	
顾客满意2	0.928	0.958	0.921	0.956
顾客满意3	0.902		0.899	
行为意向1	0.917		0.942	
行为意向2	0.916	0.958	0.937	0.971
行为意向3	0.900		0.933	

7.1.2.2 两个子样本中研究变量的效度检验

内容效度前面已经有过介绍，在此不再重复。接下来将主要采用验证性因子分析（CFA）来检验两个子样本的收敛效度和区别效度。

1. 顾客感知价值、顾客满意和行为意向的 CFA 检验

首先运用 AMOS 17.0 软件对两个子样本的顾客感知价值的六个维度进行验证性因子分析，男性样本和女性样本的顾客感知价值的 CFA 模型分别如图 7-1、图 7-2 所示。

男性样本测量模型在拟合指标上，χ^2/df = 2.271，RMSEA = 0.093，GFI = 0.784，AGFI = 0.719，NFI = 0.906，CFI = 0.945，TLI = 0.934，基本符合评价标准，表明男性样本测量模型与数据拟合情况良好。女性样本测量模型在拟合指标上，χ^2/df = 2.453，RMSEA = 0.077，GFI = 0.853，AGFI = 0.808，NFI = 0.940，CFI = 0.964，TLI = 0.957，均符合评价标准，说明女性样本测量模型与数据拟合情况良好。

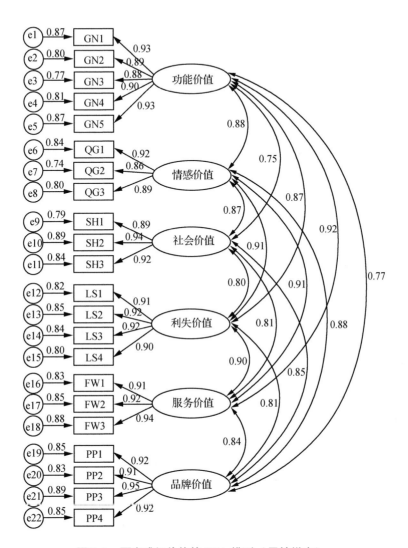

图 7-1 顾客感知价值的 CFA 模型（男性样本）

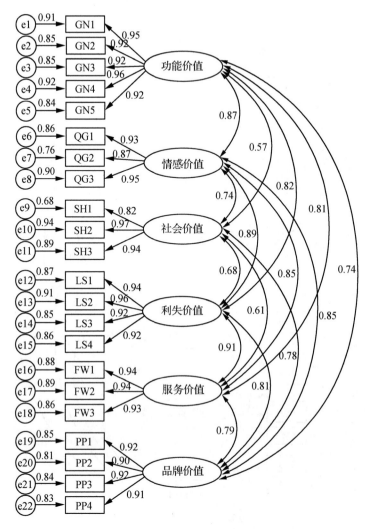

图 7-2　顾客感知价值的 CFA 模型（女性样本）

男性样本和女性样本的顾客感知价值的标准化因子载荷系数、建构信度及平均变异萃取量计算结果如表 7-3 所示。从表 7-3 可以看出，测量指标的标准化因子载荷系数均在 0.8 以上，说明结果非常理想。同时，顾客感知价值的六个维度的建构信度均在 0.9 以上，且平均变异萃取量均在 0.8 以上，说明两个子样本顾客感知价值变量的测量都具有较好的收敛效度。

表 7-3 消费者性别特征子样本中顾客感知价值验证性因子分析

指标	男性样本			女性样本		
	标准化因子载荷系数	平均变异萃取量	建构信度	标准化因子载荷系数	平均变异萃取量	建构信度
功能价值1	0.932			0.954		
功能价值2	0.895			0.919		
功能价值3	0.878	0.823	0.959	0.922	0.873	0.972
功能价值4	0.899			0.961		
功能价值5	0.931			0.916		
情感价值1	0.915			0.927		
情感价值2	0.863	0.794	0.921	0.874	0.841	0.941
情感价值3	0.895			0.949		
社会价值1	0.887			0.825		
社会价值2	0.942	0.838	0.939	0.968	0.834	0.938
社会价值3	0.916			0.941		
利失价值1	0.906			0.935		
利失价值2	0.922	0.830	0.951	0.955	0.873	0.965
利失价值3	0.918			0.921		
利失价值4	0.897			0.925		
服务价值1	0.911			0.938		
服务价值2	0.923	0.855	0.947	0.941	0.876	0.955
服务价值3	0.940			0.928		
品牌价值1	0.920			0.923		
品牌价值2	0.911	0.855	0.959	0.898	0.833	0.952
品牌价值3	0.946			0.917		
品牌价值4	0.921			0.913		

其次，运用 AMOS 17.0 软件对两个子样本的顾客满意和行为意向进行验证性因子分析，男性样本和女性样本的顾客满意和行为意向的 CFA 模型分别如图 7-3、图 7-4 所示。

男性样本测量模型在拟合指标上，$\chi^2/df = 2.438$，RMSEA = 0.099，GFI = 0.959，AGFI = 0.893，NFI = 0.984，CFI = 0.990，TLI = 0.982，基本

符合评价标准，表明男性样本测量模型与数据拟合情况良好。女性样本测量模型在拟合指标上，$\chi^2/df = 3.345$，RMSEA = 0.098，GFI = 0.966，AGFI = 0.910，NFI = 0.987，CFI = 0.991，TLI = 0.957，均符合评价标准，说明女性样本测量模型与数据拟合情况良好。

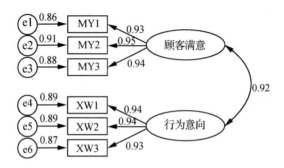

图 7-3 顾客满意和行为意向的 CFA 模型（男性样本）

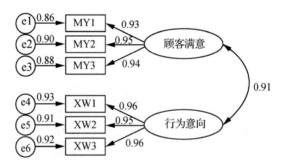

图 7-4 顾客满意和行为意向的 CFA 模型（女性样本）

男性样本和女性样本的顾客满意和行为意向的标准化因子载荷系数、平均变异萃取量及建构信度计算结果如表 7-4 所示。从表 7-4 可以看出，测量指标的标准化因子载荷系数均在 0.8 以上，说明结果非常理想。同时，顾客满意和行为意向的建构信度均在 0.9 以上，且平均变异萃取量均在 0.8 以上，说明两个子样本顾客满意和行为意向变量的测量都具有较好的收敛效度。

表 7-4 消费者性别特征子样本中顾客满意和行为意向验证性因子分析

指标	男性样本			女性样本		
	标准化因子载荷系数	平均变异萃取量	建构信度	标准化载荷系数	平均变异萃取量	建构信度
顾客满意1	0.930			0.926		
顾客满意2	0.953	0.886	0.959	0.950	0.880	0.956
顾客满意3	0.940			0.938		
行为意向1	0.945			0.962		
行为意向2	0.945	0.885	0.941	0.955	0.918	0.971
行为意向3	0.932			0.957		

2. 顾客感知价值、顾客满意及行为意向的区别效度检验

分别对男性和女性两个子样本进行区别效度检验，结果如表 7-5、表 7-6 所示。检验结果显示，两个子样本中的 8 个变量对角线上的平均变异萃取量平方根均在 0.8 以上，且均大于对角线左下角的相关系数，这表明两个子样本使用的量表具有较好的区别效度。

表 7-5 相关系数矩阵与平均变异萃取量的平方根（男性样本）

指标	功能价值	情感价值	社会价值	利失价值	服务价值	品牌价值	顾客满意	行为意向
功能价值	0.907							
情感价值	0.811**	0.891						
社会价值	0.724**	0.819**	0.915					
利失价值	0.825**	0.844**	0.766**	0.911				
服务价值	0.873**	0.841**	0.783**	0.855**	0.925			
品牌价值	0.748**	0.829**	0.804**	0.778**	0.855**	0.925		
顾客满意	0.810**	0.885**	0.767**	0.868**	0.778**	0.801**	0.941	
行为意向	0.775**	0.849**	0.797**	0.824**	0.868**	0.834**	0.887**	0.941

注1：对角线上的数值为潜在变量平均变异萃取量的平方根，该值应大于非对角线上的数值。

注2：** 表示在显著性水平 $\alpha=0.01$ 时，变数间的相关系数达到显著性水平。

表 7-6　相关系数矩阵与平均变异萃取量的平方根（女性样本）

指标	功能价值	情感价值	社会价值	利失价值	服务价值	品牌价值	顾客满意	行为意向
功能价值	0.935							
情感价值	0.820**	0.917						
社会价值	0.579**	0.735**	0.913					
利失价值	0.801**	0.847**	0.683**	0.921				
服务价值	0.783**	0.801**	0.608**	0.872**	0.936			
品牌价值	0.820**	0.870**	0.689**	0.869**	0.831**	0.913		
顾客满意	0.775**	0.823**	0.718**	0.835**	0.792**	0.875**	0.938	
行为意向	0.711**	0.803**	0.767**	0.777**	0.752**	0.827**	0.858**	0.958

注1：对角线上的数值为潜在变量平均变异萃取量的平方根，该值应大于非对角线上的数值。

注2：** 表示在显著性水平 $\alpha=0.01$ 时，变数间的相关系数达到显著性水平。

7.1.3　消费者性别特征子样本拟合优度检验与路径分析

7.1.3.1　结构方程模型分析

对男性和女性两个子样本分别利用 AMOS 17.0 软件以最大似然估计来分析潜在变量之间的内在关系，结构方程模型拟合指标的计算结果如表 7-7 所示。从两个子样本结构方程模型的拟合指标可以看出，女性样本的拟合情况要好于男性样本，但是从整体来说，两个样本均满足基本要求。

表 7-7　消费者性别特征子样本结构方程模型拟合指标

指标	男性样本	女性样本
χ^2/df	2.154	2.242
RMSEA	0.088	0.072
GFI	0.755	0.832
AGFI	0.689	0.787
IFI	0.941	0.934
CFI	0.940	0.962
TLI	0.929	0.955

7.1.3.2 路径系数分析

利用 AMOS 17.0 软件对两个子样本进行路径分析,分析结果如表 7-8 所示。分析结果显示,对于男性样本而言,概念模型中假设 H1a、H1b、H1d、H1e、H1f、H2c、H2e、H3 得到支持或弱支持,假设 H1c、H2a、H2b、H2d、H2f 被拒绝;对于女性样本而言,概念模型中假设 H1a、H1b、H1d、H1f、H2d、H2f、H3 得到支持,假设 H1c、H1e、H2a、H2b、H2c、H2e 被拒绝。

表 7-8 基本驱动模型中路径关系的研究假设检验结果

原有假设	模型路径	男性样本			女性样本		
		路径系数	t 值	结论	路径系数	t 值	结论
H1a	功能价值→顾客满意	0.206*	2.359	支持	0.142**	2.904	支持
H1b	情感价值→顾客满意	0.540**	4.822	支持	0.310***	3.701	支持
H1c	社会价值→顾客满意	0.018	0.185	拒绝	0.054	1.195	拒绝
H1d	利失价值→顾客满意	0.316**	2.888	支持	0.256**	2.854	支持
H1e	服务价值→顾客满意	0.140	1.848	弱支持	0.065	0.854	拒绝
H1f	品牌价值→顾客满意	0.441***	4.218	支持	0.266***	3.737	支持
H2a	功能价值→行为意向	0.085	0.712	拒绝	0.078	1.198	拒绝
H2b	情感价值→行为意向	0.048	0.181	拒绝	0.098	0.876	拒绝
H2c	社会价值→行为意向	0.247*	2.012	支持	0.014	0.267	拒绝
H2d	利失价值→行为意向	0.097	0.615	拒绝	0.195*	2.003	支持
H2e	服务价值→行为意向	0.287	1.850	弱支持	0.051	0.628	拒绝
H2f	品牌价值→行为意向	0.008	0.046	拒绝	0.497***	5.642	支持
H3	顾客满意→行为意向	0.743**	2.719	支持	0.398***	3.362	支持

注:*** 表示 $p<0.001$,** 表示 $p<0.01$,* 表示 $p<0.05$。

实证结果表明,由于性别的差异,消费者对家具感知价值的维度是有差异的。对于不同性别的消费者而言,在顾客感知价值对顾客满意的影响方面差异不是很大,但是在顾客感知价值对行为意向的影响方面差异比较显著。对于男性消费者来说,如果想吸引其再次购买,应主要从社会价值和服务价值入手,也就是说男性消费者更在意家具对其身份地位的彰显及服务的全面性;而对于女性消费者而言,如果想吸引其再次购买,应主要从利失价值和品牌价值入手,因为女性消费者更关注好的品牌形象和适宜的性价比。但不可否认的是,顾客满意会极大地推动再购意向的形成。因此,对于家具企业来说,顾客感知价值的六个维度都应该予以重视,但是面对不同的消费群体,侧重点应该有所不同。

7.2 消费者年龄特征对家具消费行为驱动因素的影响

在与家具销售人员及消费者的访谈中发现,在家具消费中,不同年龄的顾客对家具的需求呈现出巨大差异:青年群体往往崇尚个性,追求情感体验;而中年人更关心品牌,从而彰显自己的身份。这种年龄的差异所带来的家具消费行为的差别也得到了多位学者的认可。本研究将家具消费群体划分为年轻人和年长者两个样本,其中年轻人的年龄为 30 岁以下(含 30 岁)、年长者的年龄为 30 岁以上,这样的划分得到了家具销售企业的认可。

7.2.1 消费者年龄特征子样本的数据描述

本研究将正式调研得到的 560 份有效样本按照年龄的差异分成年轻人和年长者两个子样本,同时使用 SPSS 19.0 软件对两个子样本进行描述性统计分析,涉及的指标有均值、标准差、偏度和峰度,具体结果如表 7-9 所示。从均值来看,两个子样本的均值介于 3.65～4.30,表明不同年龄的受访者在回答相关问题时态度均是较为积极的;从标准差来看,两个子样本的标准差介于 1.016～1.159,表明不同年龄的受访者对问卷题项填写的波动幅度均不大,数据分布均较为合理;从偏度、峰度来看,两个子样本的偏度系数的绝对值介于 0.363～1.718,峰度系数的绝对值介于 0.023～2.309,均符合正态分布的要求。

表7-9 消费者年龄特征子样本的数据描述

指标	年轻人样本				年长者样本			
	均值	标准差	偏度	峰度	均值	标准差	偏度	峰度
功能价值1	4.12	1.094	-1.247	0.921	4.30	1.074	-1.718	2.309
功能价值2	3.97	1.150	-0.951	0.023	4.20	1.084	-1.481	1.595
功能价值3	4.07	1.129	-1.260	0.897	4.25	1.059	-1.634	2.201
功能价值4	4.08	1.126	-1.167	0.556	4.27	1.064	-1.619	2.006
功能价值5	4.07	1.127	-1.099	0.332	4.20	1.119	-1.521	1.622
情感价值1	4.09	1.083	-1.166	0.720	4.10	1.089	-1.238	0.982
情感价值2	3.88	1.111	-0.727	-0.303	3.87	1.131	-0.941	0.398
情感价值3	3.95	1.119	-0.868	-0.041	4.02	1.098	-1.144	0.800
社会价值1	3.88	1.070	-0.647	-0.310	3.83	1.145	-0.707	-0.223
社会价值2	3.71	1.068	-0.363	-0.692	3.71	1.151	-0.521	-0.480
社会价值3	3.73	1.082	-0.435	-0.596	3.65	1.159	-0.477	-0.514
利失价值1	4.09	1.050	-1.023	0.273	4.06	1.076	-1.088	0.561
利失价值2	4.04	1.066	-1.081	0.647	4.15	1.029	-1.245	1.087
利失价值3	4.04	1.053	-1.101	0.770	4.14	1.094	-1.212	0.706
利失价值4	4.10	1.042	-0.968	0.182	4.02	1.091	-1.085	0.641
服务价值1	4.07	1.039	-1.053	0.416	4.18	1.016	-1.297	1.290
服务价值2	4.06	1.072	-1.012	0.258	4.15	1.060	-1.379	1.519
服务价值3	4.08	1.119	-1.198	0.664	4.21	1.064	-1.365	1.233
品牌价值1	3.84	1.125	-0.743	-0.270	4.01	1.044	-1.000	0.584
品牌价值2	3.90	1.111	-0.855	0.059	4.05	1.029	-0.958	0.364
品牌价值3	3.81	1.130	-0.711	-0.262	3.86	1.075	-0.697	-0.104
品牌价值4	3.84	1.164	-0.817	-0.074	3.89	1.067	-0.647	-0.324
顾客满意1	4.06	1.047	-1.077	0.538	4.09	1.046	-1.210	1.020
顾客满意2	3.99	1.023	-0.877	0.289	4.01	1.037	-1.003	0.532
顾客满意3	3.99	1.054	-0.910	0.180	4.00	1.051	-1.074	0.785
行为意向1	3.94	1.116	-0.845	-0.062	3.95	1.055	-0.937	0.396
行为意向2	3.94	1.062	-0.837	0.116	3.97	1.034	-0.894	0.344
行为意向3	3.95	1.073	-0.778	-0.142	4.00	1.051	-0.996	0.531

7.2.2 消费者年龄特征子样本中研究变量的信度和效度检验

由于样本数量发生变化,为了确保数据的真实有效,需要对年轻人和年长者两个子样本的信度和效度分别做检验。具体的检验方法与前文相同,此处不再赘述。

7.2.2.1 两个子样本中研究变量的信度检验

年轻人样本和年长者样本的信度检验结果如表7-10所示。检验结果显示,以年龄为标准划分的两个子样本的顾客感知价值的六个维度、顾客满意及行为意向等测量项目的Cronbach's α 系数均在0.900以上,说明量表具有非常好的内在一致性;两个子样本的28个测量项目的CITC指数均在0.800以上,说明量表无须进一步优化。

表 7-10 消费者年龄特征子样本中研究变量的 CITC 和信度检验

指标	年轻人样本		年长者样本	
	CITC	Cronbach's α	CITC	Cronbach's α
功能价值1	0.922		0.928	
功能价值2	0.896		0.889	
功能价值3	0.903	0.971	0.875	0.962
功能价值4	0.945		0.888	
功能价值5	0.919		0.885	
情感价值1	0.849		0.871	
情感价值2	0.856	0.932	0.847	0.936
情感价值3	0.874		0.887	
社会价值1	0.827		0.797	
社会价值2	0.890	0.937	0.924	0.934
社会价值3	0.891		0.875	
利失价值1	0.901		0.904	
利失价值2	0.897		0.934	
利失价值3	0.876	0.958	0.896	0.961
利失价值4	0.912		0.884	

续表

指标	年轻人样本		年长者样本	
	CITC	Cronbach's α	CITC	Cronbach's α
服务价值1	0.891		0.907	
服务价值2	0.898	0.950	0.901	0.951
服务价值3	0.901		0.884	
品牌价值1	0.898		0.881	
品牌价值2	0.887	0.960	0.861	0.949
品牌价值3	0.926		0.886	
品牌价值4	0.892		0.877	
顾客满意1	0.880		0.921	
顾客满意2	0.914	0.950	0.933	0.963
顾客满意3	0.890		0.911	
行为意向1	0.925		0.940	
行为意向2	0.921	0.962	0.936	0.969
行为意向3	0.914		0.926	

7.2.2.2 两个子样本中研究变量的效度检验

内容效度前面已经有过介绍，在此不再重复。接下来将主要采用验证性因子分析（CFA）来检验两个子样本的收敛效度和区别效度。

1. 顾客感知价值、顾客满意和行为意向的 CFA 检验

首先，运用 AMOS 17.0 软件对两个子样本的顾客感知价值的六个维度进行验证性因子分析，年轻人样本和年长者样本的顾客感知价值的 CFA 模型分别如图 7-5、图 7-6 所示。

年轻人样本测量模型在拟合指标上，$\chi^2/df = 2.112$，RMSEA = 0.077，GFI = 0.844，AGFI = 0.797，NFI = 0.935，CFI = 0.964，TLI = 0.957，基本符合评价标准，表明年轻人样本测量模型与数据拟合情况良好。年长者样本测量模型在拟合指标上，$\chi^2/df = 2.156$，RMSEA = 0.076，GFI = 0.835，AGFI = 0.785，NFI = 0.933，CFI = 0.963，TLI = 0.956，均符合评价标准，表明年长者样本测量模型与数据拟合情况良好。

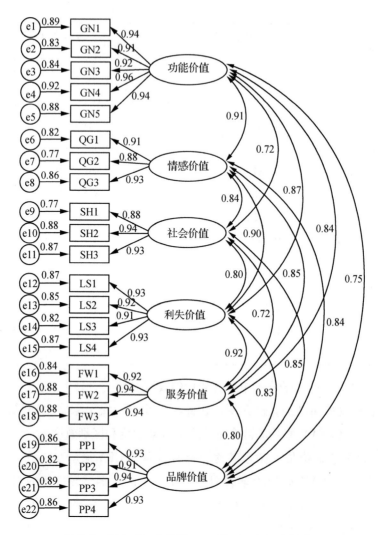

图 7-5 顾客感知价值的 CFA 模型（年轻人样本）

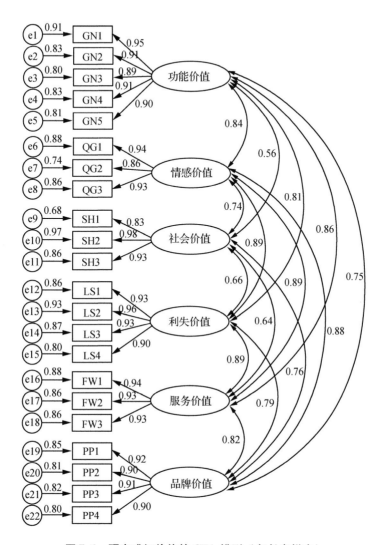

图 7-6　顾客感知价值的 CFA 模型（年长者样本）

年轻人样本和年长者样本的顾客感知价值的标准化因子载荷系数、平均变异萃取量及建构信度计算结果如表 7-11 所示。从表 7-11 可以看出，测量指标的标准化因子载荷系数均在 0.8 以上，说明结果非常理想。同时，顾客感知价值的六个维度的建构信度均在 0.9 以上，且平均变异萃取量均在 0.8 以上，说明两个子样本顾客感知价值变量的测量都具有较好的收敛效度。

表 7-11　消费者年龄特征子样本中顾客感知价值验证性因子分析

指标	年轻人样本			年长者样本		
	标准化因子载荷系数	平均变异萃取量	建构信度	标准化因子载荷系数	平均变异萃取量	建构信度
功能价值1	0.941			0.954		
功能价值2	0.909			0.913		
功能价值3	0.918	0.872	0.972	0.893	0.836	0.962
功能价值4	0.961			0.909		
功能价值5	0.940			0.902		
情感价值1	0.908			0.937		
情感价值2	0.876	0.818	0.931	0.862	0.828	0.935
情感价值3	0.928			0.929		
社会价值1	0.875			0.826		
社会价值2	0.936	0.837	0.939	0.983	0.838	0.939
社会价值3	0.933			0.930		
利失价值1	0.931			0.925		
利失价值2	0.923	0.852	0.958	0.962	0.862	0.961
利失价值3	0.907			0.930		
利失价值4	0.930			0.895		
服务价值1	0.919			0.938		
服务价值2	0.936	0.866	0.951	0.930	0.868	0.952
服务价值3	0.936			0.927		
品牌价值1	0.926			0.922		
品牌价值2	0.907	0.857	0.960	0.903	0.822	0.949
品牌价值3	0.944			0.906		
品牌价值4	0.926			0.896		

其次，运用 AMOS 17.0 软件对两个子样本的顾客满意和行为意向进行验证性因子分析，年轻人样本和年长者样本的顾客满意和行为意向的 CFA 模型分别如图 7-7、图 7-8 所示。

年轻人样本测量模型在拟合指标上，$\chi^2/df = 4.253$，RMSEA = 0.850，GFI = 0.935，AGFI = 0.828，NFI = 0.973，CFI = 0.978，TLI = 0.959，基本

符合评价标准,表明年轻人样本测量模型与数据拟合情况良好。年长者样本测量模型在拟合指标上,$\chi^2/df = 1.399$,RMSEA = 0.045,GFI = 0.981,AGFI = 0.950,NFI = 0.994,CFI = 0.998,TLI = 0.997,非常符合评价标准,表明年长者样本测量模型与数据拟合情况较好。

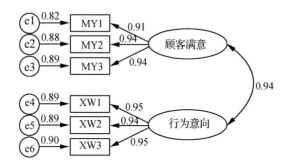

图7-7 顾客满意和行为意向的 CFA 模型(年轻人样本)

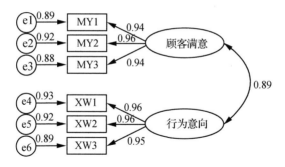

图7-8 顾客满意和行为意向的 CFA 模型(年长者样本)

年轻人样本和年长者样本的顾客满意和行为意向的标准化因子载荷系数、建构信度及平均变异萃取量计算结果如表7-12所示。从表7-12可以看出,测量指标的标准化因子载荷系数均在0.9以上,说明结果非常理想。同时,顾客满意和行为意向的建构信度均在0.9以上,且平均变异萃取量均在0.8以上,说明两个子样本顾客满意和行为意向变量的测量都具有较好的收敛效度。

表7-12　消费者年龄特征子样本中顾客满意和行为意向验证性因子分析

指标	年轻人样本			年长者样本		
	标准化因子载荷系数	平均变异萃取量	建构信度	标准化因子载荷系数	平均变异萃取量	建构信度
顾客满意1	0.908			0.944		
顾客满意2	0.938	0.864	0.950	0.961	0.899	0.964
顾客满意3	0.942			0.939		
行为意向1	0.945			0.965		
行为意向2	0.942	0.895	0.962	0.957	0.914	0.970
行为意向3	0.951			0.946		

2. 顾客感知价值、顾客满意及行为意向的区别效度检验

分别对年轻人和年长者两个子样本进行区别效度检验，结果如表7-13、表7-14所示。检验结果显示，两个子样本中的8个变量对角线上的平均变异萃取量平方根均在0.9以上，且均大于对角线左下角的相关系数，这表明两个子样本使用的量表具有较好的区别效度。

表7-13　相关系数矩阵与平均变异萃取量的平方根（年轻人样本）

指标	功能价值	情感价值	社会价值	利失价值	服务价值	品牌价值	顾客满意	行为意向
功能价值	0.934							
情感价值	0.856**	0.904						
社会价值	0.702**	0.795**	0.915					
利失价值	0.844**	0.854**	0.773**	0.923				
服务价值	0.808**	0.798**	0.692**	0.881**	0.930			
品牌价值	0.733**	0.801**	0.823**	0.797**	0.764**	0.926		
顾客满意	0.858**	0.880**	0.787**	0.908**	0.839**	0.845**	0.929	
行为意向	0.820**	0.838**	0.808**	0.855**	0.822**	0.845**	0.898**	0.946

注：1. 对角线上的数值为潜在变量平均变异萃取量的平方根，该值应大于非对角线上的数值。

2. ** 表示在显著性水平 $\alpha = 0.01$ 时，变数间的相关系数达到显著性水平。

表7-14　相关系数矩阵与平均变异萃取量的平方根（年长者样本）

指标	功能价值	情感价值	社会价值	利失价值	服务价值	品牌价值	顾客满意	行为意向
功能价值	0.914							
情感价值	0.783**	0.910						
社会价值	0.572**	0.737**	0.915					
利失价值	0.781**	0.837**	0.655**	0.928				
服务价值	0.821**	0.834**	0.652**	0.852**	0.932			
品牌价值	0.713**	0.826**	0.746**	0.758**	0.774**	0.913		
顾客满意	0.781**	0.870**	0.656**	0.830**	0.827**	0.845**	0.907	
行为意向	0.731**	0.827**	0.690**	0.807**	0.788**	0.857**	0.861**	0.956

注：1. 对角线上的数值为潜在变量平均变异萃取量的平方根，该值应大于非对角线的数值。

2. ** 表示在显著性水平 $\alpha=0.01$ 时，变数间的相关系数达到显著性水平。

7.2.3　消费者年龄特征子样本拟合优度检验与路径分析

7.2.3.1　结构方程模型分析

对年轻人和年长者两个子样本分别利用 AMOS 17.0 软件以最大似然估计来分析潜在变量之间的内在关系，结构方程模型拟合指标的计算结果如表7-15所示。从两个子样本结构方程模型的拟合指标可以看出，年长者样本的拟合情况要好于年轻人样本，但是从整体来说，两个样本均满足基本要求。

表7-15　消费者年龄特征子样本结构方程模型拟合指标

指标	年轻人样本	年长者样本
χ^2/df	2.361	1.723
RMSEA	0.085	0.060
GFI	0.795	0.839
AGFI	0.739	0.796
IFI	0.948	0.972
CFI	0.947	0.972
TLI	0.938	0.967

7.2.3.2 路径系数分析

利用 AMOS 17.0 软件对两个子样本进行模型路径分析,结果如表 7-16 所示。结果显示,对于年轻人样本而言,概念模型中假设 H1b、H1d、H1e、H1f、H2c、H2d、H3 得到支持,假设 H1a、H1c、H2a、H2b、H2e、H2f 被拒绝;对于年长者样本而言,概念模型中假设 H1a、H1b、H1d、H1f、H2c、H2f、H3 得到支持或弱支持,假设 H1c、H1e、H2a、H2b、H2d、H2e 被拒绝。

表 7-16 基本驱动模型中路径关系的研究假设检验结果

原有假设	模型路径	年轻人样本			年长者样本		
		路径系数	t 值	结论	路径系数	t 值	结论
H1a	功能价值→顾客满意	0.078	1.017	拒绝	0.151**	2.969	支持
H1b	情感价值→顾客满意	0.286*	4.509	支持	0.436***	3.443	支持
H1c	社会价值→顾客满意	0.058	0.871	拒绝	0.031	0.452	拒绝
H1d	利失价值→顾客满意	0.533***	2.888	支持	0.189*	2.090	支持
H1e	服务价值→顾客满意	0.190*	2.075	支持	0.004	0.034	拒绝
H1f	品牌价值→顾客满意	0.224***	3.396	支持	0.473***	4.309	支持
H2a	功能价值→行为意向	0.116	1.221	拒绝	0.004	0.049	拒绝
H2b	情感价值→行为意向	0.192	1.147	拒绝	0.005	0.031	拒绝
H2c	社会价值→行为意向	0.276**	3.178	支持	0.211*	2.065	支持
H2d	利失价值→行为意向	0.235*	2.077	支持	0.042	0.675	拒绝
H2e	服务价值→行为意向	0.305	1.414	拒绝	0.059	0.520	拒绝
H2f	品牌价值→行为意向	0.089	0.855	拒绝	0.685***	4.678	支持
H3	顾客满意→行为意向	0.845**	3.196	支持	0.237	1.781	弱支持

注:*** 表示 $p<0.001$,** 表示 $p<0.01$,* 表示 $p<0.05$。

实证结果表明,由于年龄的差异,消费者对家具感知价值的维度是有差异的。对于不同年龄的消费者而言,在顾客感知价值对顾客满意的影响方面的差异,主要体现在年长者对功能价值更加关注,而年轻人更在意服务价值;在顾客感知价值对行为意向的影响方面的差异,主要体现在年长者更关心品牌价值和社会价值,而年轻人更在意利失价值和社会价值;在顾客满意对行为意向的影响方面的差异,主要体现在年长者更加沉稳,年轻人则更容易受到满意的驱动而产生再购意向。如果想吸引年轻消费者再次购买，应主要从利失价值入手，也就是说年轻消费者对于价格是相对比较敏感的，这主要与其收入有一定关联；而想要吸引年长消费者再次购买，应主要从品牌价值入手，也就是说好的品牌形象更能吸引他们。但不可否认的是，顾客满意会极大地推动再购意向的形式。因此，家具企业对顾客感知价值的六个维度都应该予以重视，但是面对不同年龄的消费群体，侧重点应该有所不同。

7.3 消费者收入特征对家具消费行为驱动因素的影响

佟大新（2008）运用定量和定性方法，分别就农村居民和城镇居民的收入与家具消费的关系进行了分析，研究发现居民的收入状况与家具消费具有很强的相关关系。Kizito 等（2012）指出，收入与满意度呈现反向的线性相关，即随着收入水平的提高，消费者的满意度会下降，因为随着收入水平的提高，消费者的要求日益增多，也就越不容易被满足。同时，在与家具销售人员及消费者的访谈中发现，在家具消费中，随着收入的变化，顾客对家具的需求呈现出巨大差异。本研究将家具消费群体划分为低收入者和高收入者两个样本，其中低收入者的收入为 5 000 元以下（含 5 000 元）、高收入者的收入为 5 000 元以上。

7.3.1 消费者收入特征子样本的数据描述

本研究将正式调研的 560 份有效样本按照收入的差异分成低收入者和高收入者两个子样本，同时使用 SPSS 19.0 软件对两个子样本进行描述性统计分析，涉及的指标有均值、标准差、偏度和峰度，具体结果如表 7-17 所示。从均值来看，两个子样本的均值介于 3.64 ~ 4.25，表明不同收入的受访者在回答相关问题时态度均是较为积极的；从标准差来看，两个子样本的标准差介于 0.989 ~ 1.161，表明不同收入的受访者对问卷题项填写的波动幅度均不大，数据分布均较为合理；从偏度、峰度来看，两个子样本的偏度系数的绝对值介于 0.392 ~ 1.570，峰度系数的绝对值介于 0.004 ~ 1.720，均符合正态分布的要求。

表 7-17　消费者收入特征子样本的数据描述

指标	低收入者样本				高收入者样本			
	均值	标准差	偏度	峰度	均值	标准差	偏度	峰度
功能价值1	4.17	1.062	-1.364	1.322	4.25	1.109	-1.570	1.720
功能价值2	4.04	1.107	-1.041	0.252	4.13	1.135	-1.346	1.075
功能价值3	4.14	1.056	-1.368	1.378	4.18	1.132	-1.493	1.521
功能价值4	4.16	1.103	-1.374	1.175	4.19	1.095	-1.386	1.176
功能价值5	4.13	1.107	-1.320	1.021	4.14	1.141	-1.298	0.859
情感价值1	4.10	1.063	-1.188	0.801	4.09	1.106	-1.212	0.882
情感价值2	3.89	1.117	-0.811	-0.024	3.87	1.126	-0.865	0.156
情感价值3	4.01	1.058	-1.036	0.625	3.97	1.153	-0.975	0.141
社会价值1	3.88	1.064	-0.741	-0.029	3.82	1.148	-0.635	-0.408
社会价值2	3.75	1.052	-0.392	-0.595	3.66	1.161	-0.475	-0.598
社会价值3	3.74	1.085	-0.524	-0.322	3.64	1.155	-0.409	-0.685
利失价值1	4.11	1.020	-1.031	0.323	4.04	1.100	-1.065	0.448
利失价值2	4.10	1.022	-1.160	0.885	4.08	1.073	-1.159	0.807
利失价值3	4.13	1.039	-1.209	0.876	4.05	1.106	-1.100	0.565
利失价值4	4.09	1.054	-0.997	0.205	4.02	1.080	-1.067	0.662
服务价值1	4.12	1.008	-1.146	0.795	4.13	1.047	-1.193	0.837
服务价值2	4.10	1.048	-1.119	0.623	4.11	1.084	-1.258	1.046
服务价值3	4.17	1.045	-1.318	1.212	4.13	1.135	-1.243	0.696
品牌价值1	3.95	1.064	-0.899	0.225	3.91	1.108	-0.845	0.011
品牌价值2	3.99	1.075	-1.033	0.506	3.96	1.068	-0.803	-0.026
品牌价值3	3.88	1.096	-0.798	-0.023	3.80	1.107	-0.628	-0.292
品牌价值4	3.92	1.114	-0.881	0.099	3.81	1.113	-0.632	-0.317
顾客满意1	4.09	1.001	-1.132	0.828	4.06	1.086	-1.144	0.695
顾客满意2	4.00	1.008	-0.864	0.238	4.00	1.050	-1.004	0.539
顾客满意3	4.03	1.008	-0.930	0.360	3.96	1.091	-1.025	0.498
行为意向1	3.95	1.033	-0.902	0.300	3.94	1.130	-0.876	0.024
行为意向2	3.98	0.989	-0.950	0.673	3.92	1.098	-0.790	-0.102
行为意向3	4.00	0.997	-0.892	0.360	3.95	1.118	-0.865	-0.004

7.3.2 消费者收入特征子样本中研究变量的信度和效度检验

由于样本数量发生变化,为了确保数据真实有效,需要对低收入者和高收入者两个子样本的信度和效度分别做检验。具体的检验方法与前文相同,此处不再赘述。

7.3.2.1 两个子样本中研究变量的信度检验

低收入者样本和高收入者样本的信度检验结果如表 7-18 所示。检验结果显示,以收入为标准划分的两个子样本的顾客感知价值的六个维度、顾客满意及行为意向等测量项目的 Cronbach's α 系数均在 0.900 以上,说明量表具有非常好的内在一致性;两个子样本的 28 个测量项目的 CITC 指数均在 0.800 以上,说明量表无须进一步优化。

表 7-18 消费者收入特征子样本中研究变量的 CITC 和信度检验

指标	低收入者样本		高收入者样本	
	CITC	Cronbach's α	CITC	Cronbach's α
功能价值 1	0.919		0.930	
功能价值 2	0.892		0.894	
功能价值 3	0.877	0.966	0.901	0.968
功能价值 4	0.944		0.896	
功能价值 5	0.880		0.921	
情感价值 1	0.861		0.859	
情感价值 2	0.829	0.927	0.870	0.940
情感价值 3	0.864		0.894	
社会价值 1	0.799		0.819	
社会价值 2	0.903	0.928	0.912	0.941
社会价值 3	0.857		0.902	
利失价值 1	0.900		0.904	
利失价值 2	0.924		0.907	
利失价值 3	0.908	0.965	0.866	0.954
利失价值 4	0.919		0.874	

续表

指标	低收入者样本		高收入者样本	
	CITC	Cronbach's α	CITC	Cronbach's α
服务价值1	0.891		0.909	
服务价值2	0.898	0.949	0.897	0.953
服务价值3	0.901		0.897	
品牌价值1	0.895		0.885	
品牌价值2	0.890		0.861	
品牌价值3	0.910	0.957	0.903	0.952
品牌价值4	0.885		0.884	
顾客满意1	0.905		0.898	
顾客满意2	0.899	0.953	0.945	0.960
顾客满意3	0.901		0.901	
行为意向1	0.915		0.946	
行为意向2	0.916	0.963	0.938	0.968
行为意向3	0.931		0.912	

7.3.2.2 两个子样本中研究变量的效度检验

内容效度前面已经有过介绍，在此不再重复。接下来将主要采用验证性因子分析（CFA）来检验两个子样本的收敛效度和区别效度。

1. 顾客感知价值、顾客满意和行为意向的 CFA 检验

首先，运用 AMOS 17.0 软件对两个子样本的顾客感知价值的六个维度进行验证性因子分析，低收入者样本和高收入者样本的顾客感知价值的 CFA 模型分别如图 7-9、图 7-10 所示。

低收入者样本测量模型在拟合指标上，$\chi^2/df = 2.401$，RMSEA = 0.087，GFI = 0.826，AGFI = 0.773，NFI = 0.923，CFI = 0.954，TLI = 0.945，基本符合评价标准，表明低收入者样本测量模型与数据拟合情况良好。高收入者样本测量模型在拟合指标上，$\chi^2/df = 2.167$，RMSEA = 0.076，GFI = 0.835，AGFI = 0.785，NFI = 0.935，CFI = 0.964，TLI = 0.957，均符合评价标准，表明高收入者样本测量模型与数据拟合情况良好。

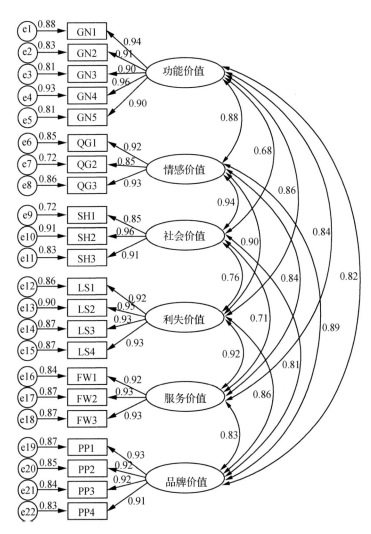

图7-9 顾客感知价值的CFA模型（低收入者样本）

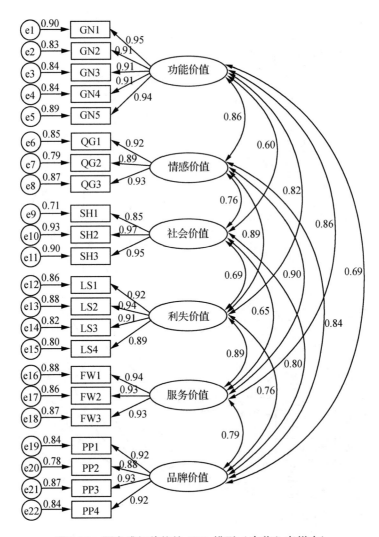

图 7-10 顾客感知价值的 CFA 模型（高收入者样本）

低收入者样本和高收入者样本的顾客感知价值的标准化因子载荷系数、平均变异萃取量及建构信度计算结果如表 7-19 所示。从表 7-19 可以看出，测量指标的标准化因子载荷系数均在 0.8 以上，说明结果非常理想。同时，顾客感知价值的六个维度的建构信度均在 0.9 以上，且平均变异萃取量均在 0.8 以上，说明两个子样本顾客感知价值变量的测量都具有较好的收敛效度。

表7-19 消费者收入特征子样本中顾客感知价值验证性因子分析

指标	低收入者样本			高收入者样本		
	标准化因子载荷系数	平均变异萃取量	建构信度	标准化因子载荷系数	平均变异萃取量	建构信度
功能价值1	0.937			0.949		
功能价值2	0.912			0.913		
功能价值3	0.899	0.852	0.966	0.914	0.859	0.968
功能价值4	0.963			0.915		
功能价值5	0.902			0.942		
情感价值1	0.921			0.923		
情感价值2	0.847	0.808	0.926	0.889	0.836	0.939
情感价值3	0.926			0.931		
社会价值1	0.849			0.845		
社会价值2	0.955	0.822	0.932	0.966	0.849	0.944
社会价值3	0.912			0.948		
利失价值1	0.925			0.925		
利失价值2	0.948	0.874	0.965	0.939	0.839	0.954
利失价值3	0.934			0.907		
利失价值4	0.932			0.893		
服务价值1	0.917			0.940		
服务价值2	0.932	0.861	0.949	0.930	0.872	0.953
服务价值3	0.935			0.931		
品牌价值1	0.931			0.918		
品牌价值2	0.921	0.848	0.957	0.884	0.833	0.952
品牌价值3	0.919			0.933		
品牌价值4	0.912			0.915		

其次，运用 AMOS 17.0 软件对两个子样本的顾客满意和行为意向进行验证性因子分析，低收入者样本和高收入者样本的顾客满意和行为意向的 CFA 模型分别如图7-11、图7-12所示。

低收入者样本测量模型在拟合指标上，$\chi^2/df = 4.626$，RMSEA = 0.140，GFI = 0.943，AGFI = 0.850，NFI = 0.977，CFI = 0.982，TLI =

0.965，基本符合评价标准，表明低收入者样本测量模型与数据拟合情况良好。高收入者样本测量模型在拟合指标上，χ^2/df = 5.205，RMSEA = 0.144，GFI = 0.936，AGFI = 0.832，NFI = 0.977，CFI = 0.981，TLI = 0.965，非常符合评价标准，说明高收入者样本测量模型与数据拟合情况较好。

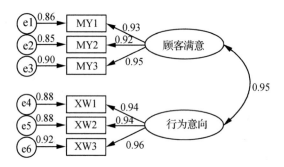

图 7-11　顾客满意和行为意向的 CFA 模型（低收入者样本）

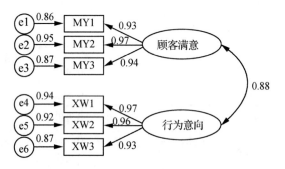

图 7-12　顾客满意和行为意向的 CFA 模型（高收入者样本）

低收入者样本和高收入者样本的顾客满意和行为意向的标准化因子载荷系数、平均变异萃取量及建构信度计算结果如表 7-20 所示。从表 7-20 可以看出，测量指标的标准化因子载荷系数均在 0.9 以上，说明结果非常理想。同时，顾客满意和行为意向的建构信度均在 0.9 以上，且平均变异萃取量均在 0.8 以上，说明两个子样本顾客满意和行为意向变量的测量都具有较好的收敛效度。

表 7-20　消费者收入特征子样本中顾客满意和行为意向验证性因子分析

指标	低收入者样本			高收入者样本		
	标准化因子载荷系数	平均变异萃取量	建构信度	标准化因子载荷系数	平均变异萃取量	建构信度
顾客满意 1	0.928			0.926		
顾客满意 2	0.923	0.871	0.953	0.974	0.893	0.962
顾客满意 3	0.948			0.935		
行为意向 1	0.941			0.970		
行为意向 2	0.940	0.897	0.963	0.962	0.912	0.969
行为意向 3	0.960			0.933		

2. 顾客感知价值、顾客满意及行为意向的区别效度检验

分别对低收入者和高收入者两个子样本进行区别效度检验，结果如表 7-21、表 7-22 所示。检验结果显示，两个子样本中的 8 个变量对角线上的平均变异萃取量平方根均在 0.8 以上，且均大于对角线左下角的相关系数，这表明两个子样本使用的量表具有较好的区别效度。

表 7-21　相关系数矩阵与平均变异萃取量的平方根（低收入者样本）

指标	功能价值	情感价值	社会价值	利失价值	服务价值	品牌价值	顾客满意	行为意向
功能价值	0.923							
情感价值	0.821**	0.899						
社会价值	0.671**	0.789**	0.906					
利失价值	0.835**	0.847**	0.750**	0.935				
服务价值	0.800**	0.781**	0.693**	0.889**	0.928			
品牌价值	0.785**	0.827**	0.786**	0.827**	0.788**	0.921		
顾客满意	0.818**	0.851**	0.742**	0.880**	0.810**	0.899**	0.947	
行为意向	0.790**	0.813**	0.794**	0.860**	0.800**	0.887**	0.906**	0.958

注：1. 对角线上的数值为潜在变量平均变异萃取量的平方根，该值应大于非对角线上的数值。

2. ** 表示在显著性水平 $\alpha = 0.01$ 时，变量间的相关系数达到显著性水平。

表 7-22 相关系数矩阵与平均变异萃取量的平方根（高收入者样本）

指标	功能价值	情感价值	社会价值	利失价值	服务价值	品牌价值	顾客满意	行为意向
功能价值	0.927							
情感价值	0.815**	0.915						
社会价值	0.600**	0.743**	0.921					
利失价值	0.790**	0.844**	0.677**	0.916				
服务价值	0.828**	0.843**	0.650**	0.846**	0.934			
品牌价值	0.673**	0.800**	0.775**	0.731**	0.754**	0.913		
顾客满意	0.817**	0.894**	0.696**	0.857**	0.849**	0.797**	0.945	
行为意向	0.765**	0.848**	0.707**	0.808**	0.808**	0.822**	0.858**	0.955

注：1. 对角线上的数值为潜在变量平均变异萃取量的平方根，该值应大于非对角线上的数值。

2. ** 表示在显著性水平 $\alpha = 0.01$ 时，变量间的相关系数达到显著性水平。

7.3.3 消费者收入特征子样本拟合优度检验与路径分析

7.3.3.1 结构方程模型分析

对低收入者和高收入者两个子样本分别利用 AMOS 17.0 软件以最大似然估计来分析潜在变量之间的内在关系，结构方程模型拟合指标的计算结果如表 7-23 所示。从两个子样本结构方程模型的拟合指标可以看出，低收入者样本的拟合情况要好于高收入者样本，但是从整体来说，两个样本均满足基本要求。

表 7-23 消费者收入特征子样本结构方程模型拟合指标

指标	低收入者样本	高收入者样本
χ^2/df	2.102	2.203
RMSEA	0.077	0.077
GFI	0.802	0.802
AGFI	0.749	0.748
IFI	0.956	0.956
CFI	0.956	0.955
TLI	0.948	0.947

7.3.3.2 路径系数分析

利用 AMOS 17.0 软件对两个子样本进行路径分析,结果如表 7-24 所示。分析结果显示,对于低收入者样本而言,概念模型中假设 H1a、H1d、H1e、H1f、H2b、H2d、H3 得到支持或弱支持,假设 H1b、H1c、H2a、H2c、H2e、H2f 被拒绝;对于高收入者样本而言,概念模型中假设 H1a、H1b、H1c、H1d、H1f、H2f、H3 得到支持或弱支持,假设 H1e、H2a、H2b、H2c、H2d、H2e 被拒绝。

表 7-24 基本驱动模型中路径关系的研究假设检验结果

原有假设	模型路径	低收入者样本 路径系数	t 值	结论	高收入者样本 路径系数	t 值	结论
H1a	功能价值→顾客满意	0.138*	2.241	支持	0.115*	2.196	支持
H1b	情感价值→顾客满意	0.068	0.612	拒绝	0.515***	4.627	支持
H1c	社会价值→顾客满意	0.083	1.565	拒绝	0.103*	1.978	支持
H1d	利失价值→顾客满意	0.411***	3.282	支持	0.232**	2.676	支持
H1e	服务价值→顾客满意	0.174	1.749	弱支持	0.020	0.221	拒绝
H1f	品牌价值→顾客满意	0.692***	6.060	支持	0.190*	2.561	支持
H2a	功能价值→行为意向	0.030	0.517	拒绝	0.046	0.775	拒绝
H2b	情感价值→行为意向	0.182*	2.391	支持	0.211	1.183	拒绝
H2c	社会价值→行为意向	0.202	1.178	拒绝	0.028	0.409	拒绝
H2d	利失价值→行为意向	0.182*	2.085	支持	0.082	0.730	拒绝
H2e	服务价值→行为意向	0.015	0.128	拒绝	0.051	0.445	拒绝
H2f	品牌价值→行为意向	0.355	1.568	拒绝	0.417***	4.236	支持
H3	顾客满意→行为意向	0.493*	1.943	支持	0.248	1.713	弱支持

注:*** 表示 $p<0.001$,** 表示 $p<0.01$,* 表示 $p<0.05$。

实证结果表明,由于收入的差异,消费者对家具感知价值的维度存在一定差异。对于不同收入的消费者而言,在顾客感知价值对顾客满意的影响方面的差异,主要体现在低收入者更关注品牌价值、利失价值、功能价值和服务价值,而高收入者更在意情感价值、品牌价值、利失价值、社会价值和功能价值;在顾客感知价值对行为意向的影响方面的差异,主要体现在情感价值和利失价值会影响低收入者的再购意向,而高收入者更容易受到品牌价值的驱动；在顾客满意对行为意向的影响方面的差异，主要体现在低收入者更容易受到满意的驱动而产生再购意向。如果想吸引低收入者再次购买，应主要从利失价值入手，也就是说低收入者对于价格是相对比较敏感的，这与前面对年轻消费者的分析结果基本一致；而想吸引高收入者再次购买，应主要从情感价值和品牌价值入手，也就是说情感体验和品牌形象更能吸引他们。综上所述，家具企业对顾客感知价值的六个维度都应该予以重视，但在以收入为细分标准时，应该考虑不同细分市场的顾客的价值需求，结合自身的优势，选择合适的细分市场。

本章小结

本章在调查数据的基础上，分别检验了性别、年龄和收入等不同人口统计特征对家具消费行为驱动因素的影响。

从性别角度来看，在顾客感知价值与顾客满意的关系中，性别的差异不显著；在顾客感知价值与行为意向的关系中，男性消费群体主要是受到社会价值和服务价值的影响，而女性消费群体主要受到品牌价值和利失价值的影响；在顾客满意与行为意向的关系中，性别的差异不显著。

从年龄角度来看，在顾客感知价值与顾客满意的关系中，年长消费群体更容易受到功能价值的影响，从而产生满意；在顾客感知价值与行为意向的关系中，年长消费群体往往会受到品牌价值和社会价值的影响，从而产生再购意向；在顾客满意与行为意向的关系中，能明显感受到年龄的不同所带来的巨大差异，年轻人的满意感受往往会激发再次购买行为，而年长者更加理性，不容易因为满意而直接复购。

从收入角度来看，在顾客感知价值与顾客满意的关系中，高收入消费群体往往更注重家具产品的情感体验，低收入消费群体则更关注品牌价值和利失价值，从而产生满意；在顾客感知价值与行为意向的关系中，低收入消费群体往往更注重家具产品的利失价值，具有较高性价比的家具产品更能激发他们再次购买的欲望，相比之下，高收入消费群体则更关注品牌价值，从而产生再购意向；在顾客满意与行为意向的关系中，低收入消费群体更容易受到满意的驱动而产生再购意向。但值得注意的是，顾客满意与行为意向的相关性并非一直成立,即高的满意度不一定带来复购行为。家具企业应意识到,随着收入的增加,家具消费者会转向对更高价值(价格和质量)产品的追逐。

参考文献

MITTAL V, KAMAKURA W A, 2001. Satisfaction, repurchase Intent, and repurchase behavior: investigating the moderating effect of customer characteristics [J]. Journal of Marketing Research, 38(1): 131-142.

佟大新,2008.居民收入水平对其家具消费的影响研究[J].工业技术经济,27(4):113-116.

KIZITO S, BANANA A Y, BUYINZA M, et al, 2012. Consumer satisfaction with wooden furniture: an empirical study of household products produced by small and medium scale enterprises in Uganda[J]. Journal of the Indian Academy of Wood Science,9(1): 1-13.

汪梦琼,2016.基于青年群体消费心理的家具定制网站交互设计研究[D].南京:南京理工大学.

第八章

研究结论与展望

8.1 研究结论

本研究从宏观角度分析了家具行业发展现状,运用 EKB 模型从微观角度分析了家具消费特性,根据顾客感知价值、顾客满意与行为意向之间关系的理论模型,构建了基于顾客感知价值的家具消费行为基本驱动模型,采用实证研究和定性分析方法,从顾客感知价值角度出发,探索了顾客感知价值对行为意向的驱动作用,形成了一些有价值的研究成果。

第一,家具消费特征分析。分析结果显示,已有相当比例的家具消费者不再等到"家具不堪使用或毁坏"时才予以更换,家具的使用年限在逐渐缩短,家具的购买动机不仅仅是家具更新,还包括改善生活。家具消费者在购买家具产品时,首先考虑的属性是质量、安全、耐用、适合空间的尺寸、材质、易于清洁;然后考虑的属性是设计、功能好坏、价格、与其他产品匹配、颜色、以往使用经验;最后考虑的属性才是是否可以定制、品牌、原产地。在家具店属性中,消费者认为最重要的三大属性依次为商品品质、有无售后服务(修理、退货)和店员服务态度。

第二,基于顾客感知价值的家具消费行为基本驱动模型构建。本研究通过梳理国内外文献,借鉴前人的观点,提出了民用家具顾客感知价值的构成维度,在功能价值、情感价值、社会价值和利失价值的基础上,结合家具特性增加了服务价值和品牌价值两个维度,同时验证了顾客感知价值各维度、顾客满意与行为意向之间的关系。

第三，基于顾客感知价值的家具消费行为基本驱动模型相关变量的量表开发。本研究在梳理国内外文献的基础上，结合家具消费特征，分别开发了顾客感知价值六个维度、顾客满意及行为意向量表，并运用 Cronbach's α 系数、CITC 指数及探索性因子分析对预调研结果进行信度、效度分析，完成量表优化，确保量表的科学性、合理性。实证研究表明，本研究所使用的量表具有良好的信度和效度，同时也具有较好的跨文化和跨行业适应性。

第四，顾客感知价值与顾客满意实证研究。研究结果显示，在顾客感知价值的六个维度中，功能价值、情感价值、利失价值、服务价值和品牌价值对顾客满意产生显著正向影响通过显著性检验，而社会价值对顾客满意产生显著正向影响未通过显著性检验，这表明本研究提出的理论假设 H1a、H1b、H1d、H1e、H1f 成立，而理论假设 H1c 不成立。从整体上说，顾客感知价值对顾客满意产生显著正向影响。

第五，顾客感知价值与行为意向实证研究。研究结果显示，在顾客感知价值的六个维度中，社会价值、品牌价值对行为意向产生显著正向影响通过显著性检验，而功能价值、情感价值、利失价值、服务价值对行为意向产生显著正向影响均未通过显著性检验，这表明本研究提出的理论假设 H2c、H2f 成立，而理论假设 H2a、H2b、H2d、H2e 不成立。尽管顾客感知价值有四个维度对行为意向没有显著影响，但是品牌价值与社会价值通过了显著性检验，而且品牌价值的总效应是最大的，因此从效应角度来说，顾客感知价值对行为意向产生显著正向影响。

第六，顾客满意与行为意向实证研究。研究结果显示，顾客满意对行为意向产生显著正向影响通过显著性检验，这表明本研究提出的理论假设 H3 成立。

第七，模型直接效应、间接效应和总效应分析。分析结果显示，顾客感知价值的功能价值、情感价值、利失价值、服务价值和品牌价值五个维度对顾客满意有直接影响；顾客满意对行为意向有直接影响；顾客感知价值的功能价值、情感价值、利失价值、服务价值和品牌价值五个维度透过顾客满意对行为意向产生间接影响；顾客感知价值的社会价值和品牌价值维度对行为意向有直接影响，其中品牌价值维度又以顾客满意为中介变量对行为意向产生间接影响。品牌价值维度对行为意向的总效应为 0.530（直接效应 0.396、间接效应 0.134），与顾客感知价值的其他维度相比，品牌价值维度对行为意向的影响程度最大。顾客满意对行为意向的总效应为 0.411。总体来说，顾客感知价值的品牌价值维度对行为意向的效应是最大的。

第八，消费者特征对家具消费行为驱动因素的影响研究。研究结果显示，消费者在性别、年龄及收入等方面的差异，使其对家具产品的价值感知出现一定差异。女性消费者较男性消费者更容易受到情感价值、品牌价值的影响，年长消费者较年轻消费者更容易受到利失价值、品牌价值的影响，高收入消费者较低收入消费者更容易受到社会价值的影响。以上研究结果表明本研究提出的理论假设 H4 成立。

8.2 对家具企业的启示

8.2.1 增强消费者的价值感知

对于当前的家具消费者来说，在顾客感知价值的六个维度中，功能价值、情感价值、利失价值、服务价值和品牌价值是顾客满意的决定性要素，即家具消费者在家具消费中所感受到的优良的产品品质、愉悦的情感体验、超值的性价比、贴心周到的服务及独特的品牌个性，能够大大提升消费者的满意度，从而促使其产生再购意向。社会价值和品牌价值直接影响行为意向，即身份地位的彰显及卓越的品牌价值也会直接促使消费者产生再购意向。因此，家具企业在提供功能价值、利失价值和服务价值的同时，还应充分挖掘情感价值、社会价值和品牌价值的内涵，以维持和激发消费者持续的购买欲望，实现与竞争对手的差异化经营，形成持久稳定的顾客群。从企业经营角度来说，家具企业可以从产品属性入手来增强消费者的价值感知。比如，当情感价值感知低时，家具企业可以从造型、色彩、风格设计等产品外在属性方面加以改变，激发消费者的喜爱之情；当社会价值感知低时，家具企业可以从产品材质、品牌塑造等方面加以提高，发挥家具对身份地位的彰显功能。

8.2.2 加大 O2O 模式下大规模定制的应用

对于整个家具行业而言,未来产业升级的方向应该是私人定制与整体家居,越来越多的企业将实现角色的重大转变:由单纯原材料的供应商转变为"设计+产品+服务"一站式解决方案的提供商;从单品设计转型为全屋定制,为消费者提供一套完整的设计方案,如欧派的"大家居战略"、索菲亚的"整家定制战略"。随着互联网的快速发展,网购已经成为人们生活中不可或缺的购物途径。由于家具产品的特殊性,传统的网络营销模式难以满足家具行业在产品定制、物流配送及安装等方面的特殊要求。O2O (Online to Offline)的销售模式融合了线上和线下渠道,采用"网络市场营销+实体店体验消费"的模式,既能充分利用网络渠道的优势,吸引消费者(尤其是年轻消费者)的注意,又能将消费者引入线下门店体验成交。将大规模定制模式与O2O模式相融合,让消费者可以在网上获取家具信息、实现在线虚拟设计,再到线下实体店中进行实物体验,最终完成交易(王国英,2016)。在O2O模式下,更能激发消费者的主动性,生产者与消费者的互动次数会显著增多,从而使企业能够清晰地洞察消费者的个性化需求,满足其私人定制需求(陈敏等,2015)。与此同时,O2O模式的发展还可以使定制家具企业找准自身的定位,从而打造自身的"精细化"品牌。

在O2O模式下,线上平台应该为有家具定制需求的顾客提供虚拟体验机会,可以利用虚拟现实技术将"家具虚拟体"投射到实际家庭环境中。用户可以根据自己的房屋结构、房屋面积、家具组合需求及家具摆放喜好等寻找适合自己的配套方案,也可以直接将自身的需求与设计师进行沟通,由设计师提供专业的设计参考方案,从而增强顾客与品牌的互动,满足顾客的个性化需求。姜参等(2013)指出,在当前的消费行为中,冲动性购买日益占据上风。因此,线上平台应该从网页设计、网站内容、产品信息等方面入手,通过形象设计来提升顾客虚拟体验的满意度,从而直接刺激顾客冲动性购买。而O2O模式下的线下体验店应该为顾客提供多样化的体验及售后配套服务,这对于促进顾客最终的购买行为至关重要。因此,O2O模式下的家具大规模定制,要求企业合理统筹各种资源,实现线上与线下协同发展。

8.2.3 提升家具企业的服务品质

服务是影响家具消费的重要因素,其质量的高低直接影响到顾客的购买决策。通常,服务可以分为售前、售中和售后三个环节,很多企业往往关注售中、售后服务,而忽略了售前服务。对于家具企业而言,不仅要做好每个环节的服务工作,还应提供个性化的服务,在顾客心中树立起良好的形象。在售前服务方面,除做好营业前的整理工作外,企业还应针对顾客的个性化定制需求,在充分了解顾客要求的基础上,结合顾客的住宅面积、装修风格等,为顾客提供整体家具设计。在售中服务方面,员工不仅应具备良好的服务态度,耐心地回答顾客的咨询,还应具有全面的专业知识,既要能解答顾客关于材质、生产工艺、功能等产品方面的问题,又要掌握家居文化、家具流行趋势,能针对顾客的文化修养、审美情趣,为顾客推荐称心如意的产品;而对于定制家具,员工要与顾客保持持续沟通,完善每一个细节。在售后服务方面,除做好送货安装、限时解决出现的问题等工作外,企业还应建立顾客随访机制,及时获悉顾客使用反馈意见,推进产品质量持续改进。随着家具销售 O2O 模式的兴起,对线下体验店的服务质量提出更高要求。未来高质量的服务将是驱动家具销售的关键因素之一,而服务范畴也将扩展到整个营销体系,家具销售模式将发生翻天覆地的改变,不再是产品驱动服务,而是服务驱动产品。

8.2.4 树立家具企业的良好形象

企业的良好形象对内有利于增强企业的凝聚力,对外则有利于增强消费者对企业的信心,这有助于企业占领市场,因此良好的形象是企业参与市场竞争最重要的武器之一,能有效促进企业发展。树立家具企业的良好形象,首先应从家具企业的品牌形象入手,以高品质、良好的商业信誉、独特的定位来吸引顾客。然后,从心理学的角度来说,首要效应对顾客的购买行为产生重要影响,规范、统一、美观的外型设计更能激发顾客的好感,因此应该加强外观设计,外观设计不仅包括家具产品与商标的设计,还包括家具销售卖场的设计与装饰,如宜家的体验式卖场设计。宜家通过划分展示区、定制区等不同区域,让顾客不仅可以体验不同的使用情境,还能在专业人员的指导下体验自制家具的乐趣,这种愉快的购物体验可以大幅提高顾客对品牌的忠诚度。最后，应提升家具企业社会责任形象，可从内部员工、顾客和社会人群三个方面入手：企业应关心员工生活，及时倾听员工心声，有效解决员工的迫切需求，以提升企业的向心力；企业应完善顾客意见反馈机制，及时获得顾客的满意度反馈，以提升顾客的忠诚度；企业应回馈社会，关心社会，尤其是社会中的弱势群体，用所创造的财富去造福社会和人民，实现财富的真正价值。

8.2.5 为细分市场目标顾客提供卓越的顾客感知价值

在家具消费中，根据性别、年龄及收入的差异，可以将家具市场划分为形式多样的细分市场。在不同的细分市场中，由于顾客需求的差异，顾客的价值感知是有所差别的，企业应根据细分市场的消费特征，为目标顾客提供卓越的顾客感知价值。例如，随着女性在家庭中决策地位的提升，家具企业可以在家具设计中应融入情感的设计，通过色彩、造型来打动女性消费者；针对男性消费者，应该侧重从社会价值、品牌角度进行分析；针对年轻人，主要是考虑情感价值；针对年长者，则需要从价格和品牌方面考虑，因为他们往往更注重性价比；针对低收入者，需要考虑价格优势，而高收入者往往更注重品牌价值。在当前的家具市场中，中小企业占比高达80%，在资金、技术及人才相对匮乏的情况下，中小企业不应盲目追随大企业，而应寻找适宜的利基市场，提供独特的价值感知并形成差异化的竞争优势。

8.3 研究创新之处

与前人的研究成果相比，本研究在以下几个方面有所创新。

(1) 利用EKB模型对家具消费行为进行分析（研究视角的创新）

目前，我国关于家具消费行为的研究总量相对较少，研究视角较为集中，主要从家具消费心理和影响家具消费的因素两大视角开展研究，而从家具消费全过程的视角来对家具消费行为进行研究还有待深入。在已有研究的基础上，本研究将EKB模型引入家具消费行为研究中，了解消费者在购买决策各环节的需求，掌握家具购买家庭决策角色结构，并对消费者在家具购买过程中对家具产品及家具店的属性进行评估。通过新的研究视角，进一步丰富家具消费行为研究。

(2) 增加了新的顾客感知价值维度（研究内容的创新）

当前关于顾客感知价值的维度以 Sweeney 等（2001）的四维模型应用最为广泛，本研究结合家具产品特性，增加了服务价值和品牌价值两个维度。实证结果显示，服务价值对家具消费者满意度的影响非常显著，但对行为意向的影响不显著，而品牌价值对家具消费者满意度和行为意向的影响都非常显著。然而，目前家具行业品牌的市场定位不清晰、品牌个性模糊，让用户无法对品牌形成高度忠诚和喜爱。而随着 O2O 模式的发展，对服务的质量和全面性提出了更高要求。增加新的顾客感知价值维度，一方面可以丰富顾客感知价值理论，另一方面希望激发家具生产、零售企业培育品牌的动力，同时鼓励它们提升服务品质、扩大服务范畴。

(3) 深化了对顾客感知价值、顾客满意及行为意向的认识（研究内容的创新）

在顾客感知价值、顾客满意与行为意向之间的关系模型中，究竟是"价值主导"还是"满意主导"一直争论不休。本研究以家具为研究对象，验证了四种不同的理论模型。对于家具产品而言，本研究倾向于"间接作用模型"，即顾客感知价值和顾客满意均对行为意向有直接的显著影响，同时顾客感知价值还通过顾客满意间接影响行为意向，顾客感知价值的作用是双重的。

8.4 研究不足之处及展望

8.4.1 研究不足之处

本研究在以下几个方面存在不足。

(1) 样本选择的局限性

本研究的实证分析基于调研所获得的第一手数据。由于家具的耐用特性，无法进行大规模的随机抽样调查，为了能够获取样本，问卷主要向同事、同学及朋友发放，并请他们转发，导致调研对象在教育层次、收入分布等方面相对有所集中,从而导致研究结论的普遍性稍显不足。

(2) 产品类别的局限性

根据使用场合的不同,家具可以分为民用家具、办公家具和酒店家具。由于本研究以消费者行为为研究核心,因此选择了民用家具作为研究范围,其他两种家具不在研究范围内。办公家具和酒店家具的消费主体、消费需求与民用家具均有一定差异,本研究的结论也主要适用于民用家具,对其他两种家具的适用性还有待进一步分析和论证。

(3) 销售模式的局限性

本研究主要研究了家具线下销售模式,对O2O销售模式的研究未能涉及。随着互联网的快速发展,网购已经成为人们生活中不可或缺的购物途径。而O2O销售模式不仅能发挥线上网络渠道的优势,还能将消费者引入线下门店体验,该模式将成为未来家具销售的主要模式。将O2O销售模式与大规模定制模式相结合,会给家具消费带来全新的体验。本研究的结论主要适用于实体零售模式,对网络消费模式的适用性仍有待进一步分析和论证。

8.4.2 进一步深入研究

未来可从以下几个方面进行更深入的研究。

(1) 拓展调研范围,增加样本数量

在未来的研究中,需要进一步扩大样本的范围、增加样本的数量,使样本更具代表性,以便研究结论更具普遍性。

(2) 扩大产品类别的范围

未来可以将研究对象扩展到办公家具和酒店家具,研究不同类别家具顾客感知价值的差异,针对不同类别的家具企业提出有针对性的营销策略,从而提升家具企业的竞争力。

(3) 从线下模式拓展到线上模式

未来可以分析线上消费者的顾客感知价值维度,从而为家具企业的O2O销售模式提供理论支撑。共享经济是未来发展的主旋律,基于互联网模式的共享经济对于家具行业而言将是一个新的挑战,未来可以加强这方面的研究。

参考文献

王国英,2016.线上线下融合时代定制家具O2O营销模式的实践与研究[J].环渤海经济瞭望(9):58-61.

陈敏,李赐生,2015.基于O2O模式的大规模定制家具企业现状及趋势[J].家具与室内装饰(2):51-53.

姜参,赵宏霞,2013.B2C网络商店形象、消费者感知与购买行为[J].财经问题研究(10):116-122.

SWEENEY J C, SOUTAR G N,2001. Consumer perceived value: the development of a multiple item scale[J]. Journal of Retailing, 77(2): 203-220.

附 录

附录1　家具消费者行为特征调查问卷

问卷编号：　　　　　　　　　　调查日期：
访问地点：　　　　　　　　　　调查员：

尊敬的各位先生/女士：

您好！

我们课题组目前正在对家具消费行为进行研究，希望耽误您几分钟时间，帮我们完成此次调查问卷，您的参与将有助于我们更好地了解家具消费行为，恳请您的参与。调查结果不做任何商业用途，仅用于学术分析，您的调查信息我们将严格保密。请您结合自己的真实购买经历，回答下列问题，并在选定的数字上画"√"。对于您的支持，我们表示衷心感谢！

家具消费行为研究课题组

一、个人基本信息

1. 请问您的性别是（　　）。
（1）男　（2）女

2. 请问您的年龄是（　　）。
（1）21~30 岁　（2）31~40 岁　（3）41~50 岁　（4）51~60 岁
（5）61 岁及以上

3. 请问您的学历是（　　）。

(1) 初中及以下　　(2) 高中/中专　　(3) 大专/本科　　(4) 研究生

4. 请问您的职业是（　　）。

(1) 政府机关或事业单位员工　　(2) 企业职工　　(3) 个体工商户

(4) 自由职业者　　(5) 离退休人员　　(6) 其他（请填写）_____

5. 请问您的家庭人均月收入为（　　）。

(1) 1 500元以下　　(2) 1501~3 000元　　(3) 3 001~5 000元

(4) 5 001~8 000元　　(5) 8 001~10 000元　　(6) 10 000元以上

6. 请问您的婚姻状况是（　　）。

(1) 未婚　　(2) 已婚

7. 您有子女数量为（　　）。

(1) 没有　　(2) 1个　　(3) 2个　　(4) 3个及以上

二、购买决策过程

1. (可多选) 您目前的家庭最有可能购买家具的原因是（　　）。

(1) 新房装修　　(2) 结婚　　(3) 孩子出生

(4) 重新装修　　(5) 旧货翻新　　(6) 添置新家具　　(7) 其他

2. 请问在您的家庭中提出购买家具意见的是（　　）。

(1) 配偶　　(2) 自己　　(3) 夫妻共同决定　　(4) 其他

3. 您通常购买家具的时间间隔为（　　）。

(1) 1年　　(2) 2~3年　　(3) 4~5年

(4) 6~7年　　(5) 8~9年　　(6) 10年左右

4. 请问目前您在购买家具时，首选的家具类型是（　　）。

(1) 现代家具（线条简洁）

(2) 中国传统古典家具（红木，明清家具等）

(3) 欧式古典家具（金碧辉煌，精雕细镂）

(4) 美式古典家具（原始森林，仿旧）

(5) 新古典家具（线条简于古典）

(6) 其他类型

5. 请问目前您在购买家具时，首选的家具材质是（　　）。

(1) 实木家具　　(2) 板式家具　　(3) 软体家具

(4) 藤编家具　　(5) 竹编家具　　(6) 钢木家具

(7) 其他人造材材料制成的家具（如玻璃家具、大理石家具等）

6. 请问您打算购买的家具档次是（　　）。

(1) 高　　(2) 中高　　(3) 中　　(4) 中低　　(5) 低

7. (可多选)请问您获取家具产品信息的途径是（　　）。

(1) 商场　　(2) 电视广告　　(3) 网络　　(4) 报纸

(5) 朋友/同事介绍　　(6) 家具店　　(7) 家人　　(8) 家具展

(9) 宣传手册/目录　　(10) 移动客户端、微信、微博

8. 请问您购买家具时要拜访的门店数量是（　　）。

(1) 1~2家　　(2) 3~5家　　(3) 6~10家　　(4) 10家以上

9. (可多选)请问您购买家具时参观过的家具销售场所有（　　）。

(1) 顶级品牌家具独立店　　(2) 大型专卖家具商场

(3) 一般家具零售店　　(4) 网上商店　　(5) 其他

10. (可多选)请问您在参观销售场所时，希望看到的标识有（　　）。

(1) 价格　　(2) 材质　　(3) 原产地　　(4) 功能或特点说明

(5) 质检证书　　(6) 品牌　　(7) 服务说明　　(8) 其他

11. 请问您判断家具品质好坏最主要的依据是（　　）。

(1) 家具品牌　　(2) 价格高低　　(3) 自己对家具的认识

(4) 家具店的信誉　　(5) 店员介绍　　(6) 家具店装潢　　(7) 其他

12. 请问您的购买决定是（　　）。

(1) 直接选择大品牌

(2) 直接选择自己用过的品牌

(3) 参观1~2家家具店后，迅速做出决定

(4) 参观多家家具店后加以比较，再综合优劣做出决定

13. (可多选)请问影响您做出购买决定的人有（　　）。

(1) 家人　　(2) 朋友/同事　　(3) 销售人员　　(4) 其他

14. 请问您家最后决定购买的人是（　　）。

(1) 配偶　　(2) 自己　　(3) 夫妻共同决定　　(4) 其他

15. 您对自己所购买的家具的满意度是（   ）。

（1）满意　（2）不满意　（3）无所谓

16. 请问您下一次到同一家家具店消费的可能性是（   ）。

（1）会　（2）不会

17. 如果你有一个满意的家具购买经历，你会经常告诉别人的概率是（   ）。

（1）总是　（2）大多数情况　（3）有时　（4）从不

18. 如果你有一个不满意的家具购买经历，你会经常告诉别人的概率是（   ）。

（1）总是　（2）大多数情况　（3）有时　（4）从不

三、购买家具的影响因素（请在每题后面您认为合适的选项数字上画"√"，5表示非常重要，4表示重要，3表示一般，2表示不重要，1表示非常不重要）

1. 家具产品属性影响因素

编号	题项	非常不重要	不重要	一般	重要	非常重要
1	耐用	1	2	3	4	5
2	设计	1	2	3	4	5
3	价格	1	2	3	4	5
4	质量	1	2	3	4	5
5	品牌	1	2	3	4	5
6	颜色	1	2	3	4	5
7	材质	1	2	3	4	5
8	功能好坏	1	2	3	4	5
9	原产地	1	2	3	4	5
10	安全	1	2	3	4	5
11	易于清洁	1	2	3	4	5
12	与其他产品匹配	1	2	3	4	5
13	适合空间的尺寸	1	2	3	4	5
14	以往使用经验	1	2	3	4	5
15	是否可以定制	1	2	3	4	5

2. 家具店属性影响因素

编号	题项	非常不重要	不重要	一般	重要	非常重要
1	商品品种	1	2	3	4	5
2	商店信誉	1	2	3	4	5
3	商品价格	1	2	3	4	5
4	商品品质	1	2	3	4	5
5	商品标识清楚	1	2	3	4	5
6	有无进口家具商品	1	2	3	4	5
7	店员服务态度	1	2	3	4	5
8	促销活动	1	2	3	4	5
9	提供装潢设计的协助	1	2	3	4	5
10	可刷卡或分期付款	1	2	3	4	5
11	有无售后服务（修理、退货）	1	2	3	4	5
12	送货迅速	1	2	3	4	5
13	店面布置	1	2	3	4	5
14	广告力度大	1	2	3	4	5
15	是否在家具店聚集区	1	2	3	4	5
16	离住家或办公地点近	1	2	3	4	5
17	交通方便或停车便利	1	2	3	4	5
18	以往消费经验	1	2	3	4	5

附录2　家具消费感知价值、顾客满意及行为意向调查问卷

问卷编号：　　　　　　　　　　调查日期：
访问地点：　　　　　　　　　　调查员：

尊敬的各位先生/女士：
　　您好！
　　我们课题组目前正在对家具顾客感知价值、顾客满意与行为意向的关系模型进行研究，希望耽误您几分钟时间，帮我们完成此次调查问卷，您的参与将有助于我们更好地了解家具顾客感知价值对消费行为意向的作用，恳请您的参与。调查结果不做任何商业用途，仅用于学术分析，您的调查信息我们将严格保密。请您结合自己的真实购买经历，回答下列问题，并在选定的数字上画"√"。对于您的支持，我们表示衷心感谢！

家具消费行为研究课题组

一、家具顾客感知价值

下面是有关您在家具产品购买过程中对价值的感知调查，请根据您的实际购买感受，从家具产品顾客感知价值的不同维度进行每个题项的回答。（请在每题后面您认为合适的选项数字上画"√"，5表示非常同意，4表示同意，3表示无所谓，2表示不同意，1表示非常不同意）

编号	题项	非常不同意	不同意	无所谓	同意	非常同意
	功能价值					
1	该家具有稳定的质量	1	2	3	4	5
2	该家具做工精致、工艺好	1	2	3	4	5
3	该家具能够使用很长时间	1	2	3	4	5
4	该家具质量是值得信赖的	1	2	3	4	5
5	该家具的使用效果良好	1	2	3	4	5

续表

编号	题项	非常不同意	不同意	无所谓	同意	非常同意
	情感价值					
6	该家具使我心情愉快	1	2	3	4	5
7	该家具使我有经常使用的冲动	1	2	3	4	5
8	使用该家具时，我觉得很享受	1	2	3	4	5
	社会价值					
9	该家具能使我给别人留下好的印象	1	2	3	4	5
10	该家具使我在社会交往中更加自信	1	2	3	4	5
11	该家具可以使我得到社会的认同	1	2	3	4	5
	利失价值					
12	该家具的价格合理	1	2	3	4	5
13	该家具的价格与提供的功能相符	1	2	3	4	5
14	在相同价位的同类家具中，该家具质量更好	1	2	3	4	5
15	购买该家具可以帮我节约时间和精力上的成本	1	2	3	4	5
	服务价值					
16	售前，服务人员能快速准确地提供专业化的服务（功能、材质、品牌、价格等的介绍）	1	2	3	4	5
17	售中，服务态度好、热情周到	1	2	3	4	5
18	售后，送货迅速，能提供专业化的售后服务（维修、清洁、退货等）	1	2	3	4	5
	品牌价值					
19	在我的印象中，该家具的品牌具有广泛的影响力	1	2	3	4	5
20	这个品牌代表着高品质	1	2	3	4	5
21	使用这个品牌的家具体现出我独特的品位	1	2	3	4	5
22	该品牌家具与我的个性很相称	1	2	3	4	5

二、家具顾客满意度与行为意向

下面是有关您在家具产品购买和使用过程中的满意情况及再购行为意向的调查，请根据您的实际体验及经历，回答下面的每个题项。（请在每题后面您认为合适的选项数字上画"√"，5表示非常同意，4表示同意，3表示无所谓，2表示不同意，1表示非常不同意）

编号	题项	非常不同意	不同意	无所谓	同意	非常同意
	顾客满意					
1	总体而言，我对该家具感到满意	1	2	3	4	5
2	该家具达到了我对它预先的期望	1	2	3	4	5
3	选择该家具，我觉得是非常明智的	1	2	3	4	5
	行为意向					
4	我愿意在亲朋好友面前称赞该品牌的家具	1	2	3	4	5
5	我愿意推荐亲朋好友购买该品牌的家具	1	2	3	4	5
6	我以后还会购买该品牌的家具	1	2	3	4	5

三、个人基本信息

1. 请问您的性别是（　　）。

（1）男　（2）女

2. 请问您的年龄是（　　）。

（1）21～30岁　（2）31～40岁　（3）41～50岁　（4）51～60岁

（4）61岁及以上

3. 请问您的学历是（　　）。

（1）初中及以下　（2）高中/中专　（3）大专　（4）本科

（5）研究生

4. 请问您的职业是（　　）。

（1）政府机关或事业单位员工　（2）企业职工　（3）个体工商户

（4）自由职业者　（5）其他（请填写）_____

5. 请问您的家庭人均月收入为（   ）。

(1) 1 500 元以下   (2) 1 501~3 000 元   (3) 3 001~5 000 元

(4) 5 001~8 000 元   (5) 8 001~10 000 元

(6) 10 000 元以上

6. 请问您家的住房面积为（   ）。

(1) 80 平方米及以下   (2) 81~100 平方米   (3) 101~135 平方米

(4) 135 平方米以上